AF146131

Autorin

 Elsa De Giorgi stammt aus dem Süden Italiens und lebt heute in Zürich. Sie studierte Sprachen und arbeitete als Übersetzerin. Zur schönsten Zeit ihres Lebens gehörte ihr Studienaufenthalt in Paris, wo sie an der Pariser Sorbonne die französische Sprache erlernte und die französische Literatur studierte. Die Autorin liebt ein Besuch im Museum, alte Gebäude und Geschichte. Davon hat es in Paris wahrlich genug. Jahrelang unterrichtete sie Sprachen in Zürich und Umgebung und lernte so die besten Adressen der Stadt kennen. Zu Ihren Steckenpferden gehört das Lesen. Sie sagt immer: "Das Schönste im Leben sind Bücher, Bücher sind lebendig, die Worte formen eine Realität, die Gestalt annimmt und zu Visionen anregt". Gerne vergleicht sie die reale Welt mit der Welt der Bücher und kommt häufig zum Schluss, dass man sich die eigene Welt erschaffen muss, um wirklich glücklich zu sein.

Elsa De Giorgi

Die italienische Hochzeit

Eine amüsante Erzählung

Widmung

Das Buch widme ich meinen Eltern im Himmel. Ihnen verdanke ich ein schönes Zuhause und eine fröhliche Kindheit. Meine liebe Mutter brachte mir schon früh bei, Bücher zu lieben und zu lesen. Sie weckte mein Interesse für viele Dinge dieser Welt, insbesondere für Geschichte und verschiedene Kulturen und machte mich zu einem glücklichen Menschen. Von meinem Vater erbte ich buchstäblich die Liebe zur klassischen Musik, die mein Leben zusätzlich bereichert.

Teil 1

Maria, die junge Verkäuferin

„Das kommt überhaupt nicht in Frage. Halt die Schnauze, sonst hau ich dir noch eine runter", sagte er zu seiner Frau Nadja.

„Willst du denn die ganze Familie blossstellen? Man muss doch auch warten können. Er soll sich das in Ruhe überlegen."

„Er hatte genug Zeit, um sich etwas in Ruhe zu überlegen. Jetzt ist genug."

„Weisst du denn nicht, was es heisst, wenn deine einzige Tochter entlobt ist? Das wird ein Gerede geben, von Sizilien bis nach Zürich, das kann ich dir jetzt schon sagen. Die Leute warten nur darauf, dass sie über uns lachen können."

Umberto liess sich nicht von seiner Meinung abbringen. Alle Familienmitglieder waren in der Wohnstube in Zürich Nord beisammen. Man diskutierte die soeben durchgeführte Entlobung der Tochter Maria. Das Mädchen sass dabei nur schüchtern in einer Ecke und wagte gar nichts zu sagen. Ihre grossen dunklen Mandelaugen sprachen jedoch Bände. Hier sprach man über sie. Ihr Leben wurde durchgenommen und sie hatte anscheinend nichts zu sagen. Das kam ihr schon spanisch vor, doch in italienischen Familien ist das so, auch heute noch. Die Kinder haben anständig zu sein und zu folgen. Die Italiener halten etwas von Moral und wollen diesbezüglich nichts von Schweizern annehmen, die alles locker, leicht und happy sehen, durch eine rosarote Brille. Die Schweizerinnen bleiben ja meistens ledig, weil sie wie Schmetterlinge von einer Blume zur anderen fliegen, dabei verpassen sie, sich auf eine Blume zu fixieren und plötzliche ist es dann zu spät. Das wollte man Maria ersparen. Der Vater war unerbittlich und hart, ein richtiger Sizilianer. Man konnte ihn durch nichts herumkriegen. Wenn er einmal gesprochen hatte, dann gab es an diesem Urteil gar nicht zu rütteln. Er wusste nämlich, wovon er sprach. Er war schon fast dreissig Jahre in der Schweiz, hatte ganz klein angefangen und immer gearbeitet. Er wusste, wie es ausserhalb seiner eigenen vier Wände aussah. Umberto beschützte seine Familie. Kontakt wurde nur innerhalb der engen Verwandtschaft gepflegt. Er hatte einen Bruder hier, der ebenfalls verheiratet war und Kinder hatte. Seine Frau konnte gerade mit zwei Brüdern und drei Schwestern aufwarten. Alle waren ebenfalls verheiratet und hatten Kinder. Dann gab es die unzähligen Cousinen und Cousins, die Onkel und Tanten. Die Eltern des Paares lebten auf Sizilien. Diese waren schon über siebzig Jahre alt und kamen immer wieder auf Besuch. Wenn dies der Fall war, dann war viel los in der ganzen Familie. Die Eltern waren so etwas wie der Papst in Rom. Man zollte ihnen Respekt. Ständig war man dann im C&A, dem bekannten Kleiderkaufhaus für Männer und Frauen. Die lieben Verwandten wurden ständig eingekleidet. Etwas Schönes zum Anziehen war immer praktisch. Die Besucher aus Italien hatten sich dies aber auch verdient, denn sie kamen nie mit leeren Händen. Sie wussten ganz genau, was man in der Fremde nicht bekam und was man deshalb besonders schätzte. Sie brachten für die ganze Sippschaft Olivenöl und Gebäck mit. Mit dabei waren auch die hausgemachte Pasta und die Bohnen, die man lange aufbewahren konnte.

Die Familie war sehr gross. Das Bedürfnis bestand nicht, andere Leute zu kennen. Wenn man jemanden kannte, dann allerhöchstens Italiener. Nadja kannte Arbeitskolleginnen. Sie war Näherin und arbeitete im Stundenlohn. Untereinander half man sich aus. Kleider oder Vorhänge mussten nicht unbedingt gekauft werden, denn man konnte selber nähen und so viel Geld sparen.

Die Familienmitglieder trafen sich unter der Woche und sehr oft an den Wochenenden. Man besuchte sich gegenseitig.

Die Mittagessen sind bei Italienern etwas Heiliges. Die Mutter kocht oft den ganzen Tag. Der Sauce für die Pasta wird zubereitet und muss stundenlang auf leichtem Feuer kochen.

Meistens schmeckt man die Sauce im ganzen Haus, sogar in der Umgebung.

Gegen elf Uhr läuteten bei Umberto die ersten Verwandten. Man sass am runden Tisch. Meist gab es zuerst Salat, Käse und Salami, dann der obligate Teller Pasta mit viel roter Tomatensauce und geriebenem Käse. Die Italienerinnen können in der Tat die Pasta so gut vorbereiten, dass man gar nicht drum herum kommt und noch so gerne einen zweiten Schub haben möchte. Danach machte man eine leichte Pause, wo gesprochen wurde. Die Gespräche drehten sich um die Familie, um die Heimat, um das Haus, das man gerade am bauen war, um die nächsten Ferien, die natürlich wieder in die Heimat führten. Dann ging man weiter mit dem Essen. Es gab noch einen Teller Gemüse und Braten. Der Abschluss wurde mit einer Torte und scharfem italienischem Espresso gefeiert, den man von zu Hause mitgebracht hatte. Bis man fertig gegessen hatte, war es meistens vier Uhr nachmittags. Man sass dann zusammen in der Stube, diskutierte, schaute fern und es gab wieder etwas zu trinken mit etwas Süssem. War der Abend mal vorgerückt, kam der Abschied mit den besten Wünschen für die kommende Woche. Man wollte auch unter der Woche von sich hören lassen. Die Familie war gross und bis man jeden durchgeklappert hatte, wurde es nicht langweilig. Am Abend schaute man Fernsehen. Die Mutter hatte meistens mit Vorbereitungen in der Küche zu tun. Die Wohnung musste gesäubert werden. Kleider wurden genäht oder geändert. Während all dieser Zeit waren die Mädchen stets zu Hause. Ihnen war es nicht vergönnt, sich mit anderen Freundinnen zu treffen. Es bestand keinerlei Kontakt zur Aussenwelt. Die jungen Mädchen waren aber zufrieden mit diesem Leben. Sie vermissten die andere Seite des Lebens nicht, weil sie es auch nicht kannten. Sie wussten nicht, dass man mit Freudinnen auch eine gemeinsame Freizeitbeschäftigung teilen oder dass man gemeinsam mal ins Kino gehen konnte. Diese Mädchen waren ständig auf sich allein gestellt. Sie konnten nicht mal Kolleginnen anrufen, wenn sie eine Frage betreffend Schulaufgaben hatten. Gesellschaft und Kontakt gab es einzig und allein nur innerhalb der Familie. Dass dies auch heute noch so ist, merken vor allem Lehrer. Mädchen aus streng traditionellen Familien sind in sich gekehrt, schweigsam, nehmen nicht mal am Unterricht aktiv teil und verpassen manchmal den Anschluss. Dies ist eigentlich schade, denn unter ihnen gibt es viele intelligente junge Frauen, die durchaus das Zeug hätten, Berühmtheiten zu werden!

Zusammen hatte man einen kleinen Schrebergarten, wo man den Frühling und den Sommer verbrachte. Dort war man bei

Essen und Trinken lustig. Es wurde viel gelacht und alles in Fotos festgehalten. Diese Fotos hatten immer eine besondere Aufgabe. Wenn andere Verwandte erschienen, hatte man Gesprächsstoff und die Fotos wurden dann herumgereicht.

„Weisst du noch damals, als der alte Onkel da war? Da hatten wir aber gelacht."

„Das war damals ein Fest gewesen. Alle freuten sich am Geburtstag der Clara."

„Schau mal, so schöne Kleider wie an jenem Tage habe ich selten gesehen", solche Sprüche und andere fielen dann, und man hatte es einfach gut gemeinsam.

Die Familie hatte auch viele Zusammenkünfte, wo es zu feiern gab. Einmal hatte der eine Geburtstag, mal die andere. Ein Paar feierte die silberne Hochzeit oder dann wurde ein weiteres Kind geboren. Vielleicht stand auch eine Taufe oder eine Kommunion an. Das waren alles Anlässe, wo man sich traf, wo nicht an Geld gespart wurde. Die Damen übertrafen sich puncto Kleider. Die Männer erschienen in Kostümen. Die Kinder waren alle perfekt angezogen. Nicht umsonst sagt man, dass die Italiener lieber nichts essen, dafür mehr für die Kinder machen. Italienische Kinder sind manchmal, ja sogar oft, wie Engelchen gekleidet. Alles passt gut zusammen, von der Haarspange zum Kleidchen bis zu den Schuhen. „Tutto per il vostro bimbo", alles für ihr Kind, diesen Spruch kann man vom Norden bis tief in den Süden an vielen Geschäftsplakaten lesen.

Die Familie war eng miteinander verschworen und es war fast unmöglich, dort hineinzukommen, geschweige denn akzeptiert zu werden. Bei besonderen Anlässen wurde eine Turnhalle gemietet, wo sich Italiener Familien trafen. Es konnte sein, dass auch Spanier dabei waren, Schweizer allerdings oder andere Nationalitäten waren dort kaum anzutreffen. Solche Anlässe konnten Weihnachten, Neujahr, Ostern oder der Muttertag sein, der bei Italienern eine ganz wichtige Rolle spielt. La festa della mamma, der Muttertag, war ihnen wichtiger als Weihnachten. Die schönsten Blumen-arrangements wurden gekauft und die Mutter war dann die Königin.

An solchen Feiertagen lernte man sich kennen und konnte diskutieren.

An einem solchen Fest lernte Maria den etwas molligen Salvatore kennen. Er war wie sie knapp zwanzig Jahre alt und machte eine Lehre als Elektriker, daneben musizierte er. Er war nicht unbegabt, aber mehr als ein Hobby würde es nie werden. Wenn er beim Spielen Fehler machte, war es keine Tragödie, denn niemand merkte es. Die beiden Familien, das heisst die Väter und die Mütter verstanden sich sehr gut. Auf beiden Seiten waren zwei Töchter, die konnten gut miteinander reden. Maria hatte zwei Brüder, die jedoch jünger als sie waren. Die gemeinsame Heimat verband, allerdings stammte die andere Familie aus Apulien, aus dem tiefen Süden, welches der Schweiz viele Gastarbeiter bescherte. Diese Gegend ist bei uns weitgehend unbekannt. Die Leute sind aber sehr gastfreundlich und haben in ihren Gesichtern viele griechische Züge. Ihre Kultur ist reich an Denkmälern und Kunstgegenständen, doch wenn die Leute vorwiegend arm sind, finden solche Kulturen bei uns wenig Beachtung. Wer weiss denn heute schon, dass Lecce zum Beispiel das zweite Florenz genannt wird? Oder wer weiss denn, dass damals selbst der italienische König in Apulien Ferien machte, weil es dort das beste Klima und die schönsten Paläste gibt? Es ist wirklich schade, dass sich kein Sponsor findet, der aus dieser Gegend ein Ferienparadies macht. Denn was zum Beispiel die kleine Insel Malta zu bieten hat, hat Apulien in doppeltem Masse. Nur ist dies nicht bekannt. Man könnte dort dank dem Tourismus viele Arbeitsplätze schaffen und so auch andere Investoren ins Land locken. Doch die Regierung und sämtliche Italiener, die heute steinreich sind, sind einfach blind. Sie sehen das nicht und stecken das Geld lieber in den eigenen Sack statt sich so ein ewiges Denkmal zu setzen.

Umberto war bald der Meinung, dass die Tochter heiraten sollte. Auch er hatte seine Frau sehr jung geheiratet. Jetzt hatte er es dafür zu etwas gebracht. Er war noch voll im Saft und hatte schon erwachsene Kinder. Gemäss Tradition haben Mädchen aus solchen Familien auch keine Gelegenheit, sich selbst einen Bräutigam zu suchen. Die Kuppelei blüht im Süden heute noch. Befinden sich solche Familien in der Schweiz, so wird eben hier verkuppelt. Der Italiener nennt dies „sistemarsi", was im Englischen so viel heisst wie „to settle down", sich irgendwo mit einem Partner niederlassen. Das wiederum heisst, sich gemeinsam etwas aufbauen und zusammen alt werden. Die Hauptsache in einer italienischen Ehe ist nicht die Liebe, sondern die häusliche Gemeinschaft. Man hat ein schönes Haus, geht arbeiten, lebt zusammen und zieht die Kinder gross, damit man später nicht alleine ist. Eine Frau tut alles für die Familie. Sie geht arbeiten, hält den Haushalt in Ordnung und erzieht die Kinder. Für sie ist dies nicht zu viel. Für eine typische Schweizer Frau ist es aber wichtig, dass beim ersten Kind der Beruf sofort aufgegeben wird. Man nimmt dann die Hausarbeit wahr. Den Beruf kann man ja später wieder ausüben. Viele Familien kommen deshalb mit dem einen Lohn gar nicht mehr durch und müssen an das Sozialamt gelangen, sofern der Mann nicht gut verdient. Viele Schwangere werden zudem von den

Firmen oder Arbeitskollegen zu dieser Haltung getrieben, denn kaum sieht man den runden Bauch heisst es auch schon: „Du hast es aber schön. Jetzt kannst du zu Hause bleiben." Zu Hause bleiben, das käme einer Italienerin nie in den Sinn. Die Familie soll sich etwas Gutes leisten können. Vor allem soll in der Heimat ein schönes Haus gebaut werden, wo man sich zurückziehen kann, wenn die alten Tage kommen. Deshalb sind Italienerinnen heute als Ehefrauen vielbegehrt und vielgesucht nicht nur bei Landsleuten. Bei der jungen Generation geht diese Einstellung allmählich verloren, weil sie am liebsten tun möchte, was sie will. Noch ist aber diese Generation unter dem Druck der alten Tradition. Oft gibt es viele Streitereien innerhalb der Familie wegen des lockeren Lebenswandels.

Für die italienische Frau ist das Heiraten das Wichtigste überhaupt. Meist werden die Ehen in sehr jungen Jahren geschlossen, was mit viel Pomp und Feierlichkeiten verbunden ist. Eine italienische Hochzeit ist so etwas wie eine Staatsaffäre. Die Vorbereitungen dauern lange, werden minutiös durchgeführt und das Fest ist dann für die Braut meistens auch unvergesslich.

Auch Umberto wollte seine Tochter versorgt wissen. Und er dachte dabei an Salvatore. Er war jung. Er erlernte einen Beruf, stammte aus einer anständigen Familie und würde später Erbe eines Hauses sein. Und was ganz wichtig war, er war Italiener. Das gleiche Blut floss in seinen Adern. Man würde sich verstehen. Nach einem solchen Fest, wo man fröhlich beieinander gesessen war, sagte Umberto: „Was meinst du, Maria? Der Salvatore ist ein netter Junge. Ihr passt sehr gut zusammen. Er möchte sich mit dir verloben und seine Eltern wären mit einer Verbindung einverstanden."

„Kaum bin ich aus den Kinderschuhen und schon soll ich heiraten. Das ist mir noch viel zu früh."

„Rede nicht dummes Zeug. Ich habe deine Mutter mit siebzehn kennengelernt, dann waren bald darauf verheiratet. Das ist das Beste, was dir geschehen kann. Und bedenk, er ist Italiener. Willst du nicht eines Tages zurück nach Italien?"

„Doch sicher will ich das. Ich kann mir nicht vorstellen, hier zu sein und ihr seid dann in Sizilien."

„Dann überleg dir das gut. Ich sag dir nur eins, nimm ja keinen Schweizer. Die enttäuschen dich. Zuerst sind sie zu kompliziert. Sie möchten mit dir ins Bett, entjungfern dich und dann werfen sie dich weg wie eine heisse Kartoffel."

„Ja, mein Kind", erwiderte die Mutter, „ich könnte dir diesbezüglich viele Geschichten von Arbeitskolleginnen erzählen. Die suchen heute noch den Mann fürs Leben. Darunter gibt es auch zwei Italienerinnen. Die sind in meinem Alter und haben weder Mann noch Kinder. Wo sollen sie denn die alten Tage verbringen? Sie haben nicht vorgesorgt und haben sich kein Haus gebaut. Die sind vollkommen im Dreck."

„Hör mal", sagte der Vater, „ein Schweizer heiratet nur selten im Leben. Der will es immer versuchen, lebt höchstens mit dir zusammen, aber wird er dich auch heiraten? Unter Umständen wartest du Jahre und vielleicht vergebens. Ob du geheiratet wirst, steht in den Sternen. Vielleicht findet er eine andere Nutte, die ihm schöne Augen macht und du hast deine Jahre damit verbracht, ihm alles zu geben. Du führst ihm den Haushalt, wäschst seinen Dreck, seine Kleider, bist immer für ihn da, bietest ihm Unterhaltung, und das für nichts. Denk darüber nach. Wenn du mit einem Schweizer lebst, hast du keinerlei Sicherheit, erst der Ring am Finger und ein Italiener heissen etwas. Aber Garantien gibt es einfach nicht, bei einem Landsmann aber kannst du wenigstens zu achtzig Prozent sicher sein, und das heisst doch was, oder nicht?""

„Ihr habt recht", antwortete sie, „doch ihr müsst mir Zeit lassen, schliesslich kenne ich Salvatore gar nicht."

„Sicher hast du Zeit! Nimm dir die Zeit! Du bist noch jung und ihr müsst euch kennenlernen. Wir werden die Familie bei uns einladen und dann gehen wir zu ihnen. Du sollst deine Zeit bekommen. Wir diskutieren in der Zwischenzeit die Verlobung und bereiten dann die Hochzeit vor."

In jener Nacht schlief Maria nicht so wie immer. Plötzlich hatte sie einen Verlobten und wusste im Prinzip gar nicht, wer das war und was eine Verlobung überhaupt für Folgen hatte. Sie wusste nur, dass sie ihre Familie verlassen musste. Ja musste, denn, wenn es nach ihr ginge, würde sie am liebsten bleiben. Wieso sollte sie überhaupt heiraten und so schnell? Sie war ja knapp aus den Kinderschuhen. Ihre geliebte Mama würde nicht mehr immer für sie da sein. Sie würde ihre Wärme und Liebe vermissen. Es kam ihr so vor, als sei sie im Krieg und sie würde wie eine Ware verkauft werden. Man wollte sie loswerden. Heiraten, sie sollte heiraten. Auf der anderen Seite musste es ja einmal sein, überlegte sie. Alle in ihrer Familie hatten jung geheiratet. Es war auch normal. Sie hätte aber nie gedacht, dass das so schnell kommen würde. Es war ihr schon unangenehm, wenn sie an Salvatore dachte. Eigentlich war er gar nicht ihr Typ. Er war kleingewachsen und etwas rundlich. Sie mochte ihn gar nicht ausstehen. Aber vielleicht kamen die Gefühle mit der Zeit und sie musste ihrem Vater eine Chance geben. Sie wollte ihn kennenlernen und abschätzen, was das alles bedeuten würde. Sie konnte schliesslich unmöglich, ihrem Vater von vornherein eine Absage erteilen. Das würde bedeuten, dass es zu Auseinandersetzungen in der Familie kommen würde. Ihre Mutter musste dann am meisten leiden. Und das wollte sie nicht. Ihre zwei Brüder mischten sich gar nicht in diese Angelegenheit. Der ältere Bruder hatte schon lange eine Freundin und ging eigene Wege. Die Freundin war eine Griechin, ebenso blutjung wie er. Sie war Zahnarztgehilfin.

Ihre Eltern wussten nichts von der Verbindung, denn ihre Tochter musste einen Griechen heiraten und nicht einen Ausländer. Ausserdem sollte sie jungfräulich in die Ehe gehen. Sie sagte ihren Eltern nie, mit wem sie ausging. Einmal täuschte sie Überzeit vor, dann ging sie mit Freundinnen aus, nie mit einem Mann und anscheinend glaubten ihr die Eltern das. Maria wusste, dass ihr Bruder mit der schönen Griechin schlief. Sie fragte sich manchmal, wo der Beischlaf wohl stattfinden würde, denn hier in der elterlichen Wohnung war das unmöglich und bei ihr ebenfalls. Machten sie es wohl im Auto oder an abgelegenen Stätten. Sie fragte sich auch, weshalb ihr Bruder sich alles erlauben durfte und sie nicht. Die Mutter antwortete nur, dass sie eben eine Frau sei. Für Männer war es stets eine andere Geschichte. Zu der Freundin waren ihre Eltern stets zuvorkommend. Was dachten sie aber insgeheim über sie. Galt diese in den Augen des Vaters als unseriös oder überlegte er sich nie was. Wieso wachten denn ihre Eltern stets peinlichst auf die Moral der Tochter? Wollten sie damit gutmachen, was sie wohl selbst in jungen Jahren nicht einhielten? Wie dem auch sei, ihre zwei Brüder mischten sich nie ein und fanden die Idee, dass die Schwester bald heiraten sollte nicht schlecht. Sie fragte sich auch, ob die Brüder sie wirklich liebten. Schliesslich war sie die einzige Schwester. Und wenn sie mal verheiratet war, würde das auch einiges für sie ändern. Sie würde das aber schon herausfinden. In jener Nacht sah sie sich nochmals ganz genau das Zimmer an, wo sie aufgewachsen war. Sie liebte jedes Stück hier, die vielen Puppen, die einfach herumstanden, die anderen kleinen Dinge, die sie bekommen hatte. Jede Ecke war ihr vertraut. Dann stand sie kurz auf und öffnete das Fenster, weil sie gerne frische Luft hatte. Wie lieblich doch die Bäume im Wind flatterten. Hier in Affoltern war Zürich am schönsten, so dachte sie jedenfalls. Hier, praktisch um die Ecke, war sie zur Schule gegangen. Und obschon sie mit niemandem Kontakt pflegte, kannte sie hier jedes Gesicht. Sie war hier zu Hause. Wo würde sie denn später leben? Das wusste sie nicht. Kurz darauf fiel sie in tiefem Schlaf.

Am Morgen darauf war in der Familie alles hektisch. Die Unordnung vom Vorabend musste beseitigt werden. Man musste noch einmal und in aller Eile mit dem Staublumpen durch die Wohnung rennen. Es musste alles wie in einer neuen Wohnung aussehen. Man hätte fast meinen können, hier würde niemand leben. Die anderen waren zum Mittagessen eingeladen worden. Schon früh wurde gekocht. Alle putzten sich heraus.

Auch für Marias Brüder gab es kein Pardon. Heute mussten sie hierbleiben. Sie durften nicht weggehen, der älteste nicht mit der Griechin und der jüngere nicht mit seinen Kollegen. Maria musste ein Kostüm anziehen, welches eine helle ins rosa gehende Pastellfarbe hatte. Sie sah bildhübsch, aber auch etwas unsicher darin aus. Ihre Haare waren gut frisiert. Man hätte sie gut sechsundzwanzig geschätzt. Nadja und Umberto zogen sich wie auf einer Hochzeit an. Nadja holte ihren schönsten Schmuck, dabei sah alles etwas lächerlich aus, denn schliesslich fand der Empfang in einer simplen Vierzimmerwohnung statt, die von Einfachheit nur so strotze.

Doch gegen elf Uhr läutete es und Umberto lief zur Tür.

„Buon giorno, come state, guten Tag, wie geht es euch", sagte er in seinem freundlichsten Ton und zeigte auch seine Zähne.

„Welch ein Zufall, ihr kommt ja gerade oder fast zur rechten Zeit zum Mittagessen", scherzte er und die anderen lachten. Seine Frau stand neben ihm, begrüsste die kommenden Gäste und gab den Damen einen Kuss. Die Damen, dass waren die Mutter des Bräutigams sowie deren Schwester, die ebenfalls hübsch gekleidet waren. Die Mutter drückte Nadja sofort die Kleinigkeit, die sie mitgebracht hatte in die Hand. Diese Kleinigkeit bestand aus einem riesigen Topf aus zusammengestellten Grünpflanzen, der sicher gegen die sechzig Franken gekostet hatte und die Schwester hatte eine grosse Tüte bei sich. Darin befand sich eine der allerbesten Torten.

Das war typisch, denn machen die Italiener mal Geschenke, dann geizen sie nicht mit dem Geld. Hauptsache ist, man hinterlässt den besten Eindruck und muss für das Mittagessen nicht all zu sehr danke sagen. Dies ist im Gegensatz zur Schweizer Brauch ein grosser Unterschied. Der Schweizer hält nicht viel von protzigen Geschenken, dafür ist aber die Gabe sorgfältig eingepackt und mit vielen farbigen Rüschen versehen, die zum Geschenkpapier passen. Der Inhalt passt dafür manchmal nicht zur äusseren Packung. Darin findet man häufig eine einfache Kerze, eine Musikkassette, ein Buch oder auch eine Tasse, die mit kleinen Süssigkeiten gefüllt ist. Der Beschenkte hat nur selten Freude an der Gabe, doch das würde er nie zeigen. Er bedankt sich meistens formvollendet und spricht Worte von Begeisterung. Diese Geschenke landen meistens in einer Ecke oder werden für den Wiederverbrauch verpackt. Wieso sollte man für

Geschenke viel Geld ausgeben. Auf die Geste kommt es schliesslich an, nicht auf die Ware. Und Herr Schweizer denkt eben auch kostenbewusst. Die Italiener sind da ganz anderer Natur. Bei ihnen gilt: auffallen, um jeden Preis. Hat man also bei einer Taufe oder Hochzeit Italiener eingeladen, dann kann man schon von vornherein sicher sein, dass einem etwas Teures zuwinkt. Dies sei gesagt, falls einer meiner Leser, Wert auf Geschenke legt. Nach einem teuren Einkauf wird dafür der Gürtel enger geschnallt, aber die Freude hat dafür gesessen und die Leute vergessen das einem nicht. Man ist immer willkommen. Besser ein gute als eine schlechte Figur machen!

Auch an jenem Sonntag wollte man gut dastehen. Das war sicher gelungen. Umberto und Nadja hatten sich allerdings auch Mühe mit dem Kochen gegeben. Die Wohnung duftete und duftete. Es gab nicht die üblichen Teigwaren, dieses Mal gab es Pasta al forno, dann Kaninchen mit Bratkartoffeln und feine Gemüsebeilagen. Der Wein stammte hierfür aus Umbertos Familienbesitz. Die Flasche war über fünfzehn Jahre alt und der Wein hatte eine dunkle ins Braun gehende Farbe. Der edle Tropfen schmeckte vorzüglich und krönte das gute und feine Essen. Stolz öffnete Umberto bald darauf eine zweite Flasche und war froh, dass er allen schmeckte: „Nicht einmal der Papst in Rom trinkt einen solch edlen Schluck, meine Lieben." Dann stand er plötzlich auf und verkündete: „Jetzt ist es soweit. Wir wissen alle, weshalb die Familie Tozzi heute bei uns Gast ist. Ich bin froh und sehr stolz darauf, dass sich unsere Kinder gefunden haben. Maria und Salvatore werden sich verloben. Nach einer gewissen Zeit, das heisst heute in drei Monaten, werden wir offiziell die Verlobung feiern und es allen unseren Familienmitgliedern mitteilen. Meine Tochter Maria und euer Sohn Salvatore möchten ihr Leben vereinen und darin unsere Werte aufleben lassen, wie wir sie von unseren Vätern und Väter unserer Väter her kennengelernt haben. Heute in der Fremde, in der Emigration ist dies wichtiger denn je, denn nur so können wir garantieren, dass unsere Tradition nicht verloren geht. Ich gebe euch meine Maria, die ich bis zu diesem Zeitpunkt gehütet habe wie einen Schatz. Salvatore, respektiere sie und lerne sie kennen, doch hüte dich davor, sie anzutasten. Du darfst sie erst berühren, wenn sie in meinem Arm die Kirche verlässt. Hoch lebe das neue Brautpaar."

„Hoch lebe das neue Brautpaar", sagten alle anderen mit.

Nun musste sich auch Vater Tozzi zu Wort melden: "Ich bin ganz gerührt und finde keine Worte. Ich hätte vor fünfundzwanzig Jahren nie gedacht, dass unsere Kinder eine

Vereinigung auf Lebenszeit eingehen würden. Hoch, hoch lebe das Brautpaar."

Nadja sagte: „Ich bin die glücklichste Mutter der Welt. Ich verliere meine Tochter nicht, nein, ich gewinne einen Sohn. Maria, du wirst glücklich werden."

An diesem ersten Treffen wurde nur Belangloses gesprochen. Es blieb bei den üblichen Freundschaftsbezeugungen. Für die ernsteren Gespräche wollte man sich später treffen, das heisst schon bald im Laufe der Woche. Marias Brüder waren glücklich, dass sie sich endlich aus dem Staube machen durften. Maria allerdings musste dort sittsam sitzen, den ganzen lieben Tag, von elf Uhr morgens bis zehn Uhr abends. Als sie endlich gegangen waren, ging sie sofort in ihr Zimmer. Sie wollte das lästige Kostüm loswerden und in einem gemütlichen Trainer schlüpfen. Der Abend war gelaufen und viel konnte sie nicht mehr tun. Morgen war Montag und die Arbeit rief. Etwas wusste sie ganz bestimmt, sie war nicht glücklich und mit diesem Salvatore konnte sie niemals warm werden. Vielleicht musste sie ihn erst kennenlernen, aber sympathisch fand sie ihn nicht. Der Sonntag war für sie sehr langweilig gewesen. Nicht einmal Fernsehen durfte sie. Sprechen war für sie auch mehr oder weniger verboten. Sie konnte nur antworten, und auch das nur sehr knapp. Einzig die Eltern hatten gesprochen. Salvatore erzählte grosskotzig, wie er zu Geld kommen wolle, dass er sich sein eigenes Haus in Lecce bauen wolle, doch zuerst musste er hier eine Familie gründen. Und Kinder wollte er auch haben, ganze sechs, sagte er. Als er dies sagte, schauten sich Marias Eltern nur an und sagten nicht. Na ja, ob das alles gut herauskommen würde.

Am nächsten Morgen ging Maria arbeiten. Sie war Verkäuferin beim Jelmoli in der City. Sie arbeitete in der Bastelabteilung und war bei den Kolleginnen beliebt. Sie verdiente nicht allzu viel. In diesem Beruf muss man sehr viel in Kauf nehmen. Man hat lange Arbeitszeiten. Den ganzen lieben Tag muss man stehen. Ehrlichkeit und Freundlichkeit werden als selbstverständlich vorausgesetzt und man muss überall die Augen offenhalten. Noch nie wurde so viel gestohlen wie heute. Im Verkauf zu arbeiten, ist strenger als man meint und wie wird das einem bezahlt!

Buchstäblich mit einem Hungerlohn. Kein Verkäufer und keine Verkäuferin kann sich heute alleine eine angenehme Wohnung oder eine Familie leisten. Die meisten leben in einer Gemeinschaft. Viele Frauen sind verheiratet und verdienen sich so etwas nebenbei für die Familie. Maria lebte bei den Eltern. Als Italienerin war das für die natürlichste Sache der Welt. Sie hätte aber nie alleine leben können, dazu reichten die tausendneunhundert Franken bei weitem nicht aus.

Ihre Kolleginnen mochten sie gut. Es wurde nie viel gesprochen, denn Maria war ein schweigsames Mädchen. Sie dachte sich aber immer das ihrige, denn ihre grossen dunklen Augen sprachen Bände. Immer, wenn sie arbeiten ging, achtete sie darauf, dass sie hübsch, aber nicht zu auffällig angezogen war. Schliesslich musste man repräsentieren. Ihr Vater war stolz auf sie. Sie hatte die Lehre mit Erfolg bestanden und ging nun arbeiten. Abends musste sie sofort nach Hause. Abgesehen davon waren ihre Kolleginnen alle gebunden und hatten auch etwas vor. Es gab aber doch zwei oder drei, die noch schnell ins Kaffee verschwanden und diskutierten. Sie aber nicht, sie wusste, wo sie hingehörte. Sie hatte aber auch kein Bedürfnis, sonst mit ihnen zu reden, denn während des Tages bot sich schon die Gelegenheit dazu. Meistens war das Thema „Männer". Martha erzählte zum Beispiel, dass sie sich gerade einen Neger geangelt hatte. Sie war zwar ledig, schlief aber nie allein. Sie musste immer jemanden neben sich haben und da sich kein anderer anerbot, gab sie sich mit einem Nigger zufrieden. Sie hätte sich vorher nie vorstellen können, solch grosse Lippen zu küssen. Diese waren aber weich und so gefiel es ihr. Sie erzählte auch, dass Neger stundenlang Liebe machen können. Sie werden nie müde, als ob sie eine Batterie haben, die sie einfach anlassen können. Das Negative war aber, dass sie einen eigentümlichen Geruch verbreiteten. Ob das an ihrem dunklen Fleisch lag, konnte sie sich nicht erklären. Als dieser Neger dann das erste Mal bei ihr schlief, bekam sie es mit der Angst zu tun. Das Zimmer war nämlich schon dunkel und als sie zwischendurch aufwachte, bemerkte sie nur eine schwarze, grausame Masse neben sich liegen. Als sie manchmal sprachen und er lächelte, glänzte etwas Weisses im Zimmer. Er kam ihr dann wie ein Monster vor. Plötzlich soll sie dann unsicher geworden sein. Was dann, wenn er sie in der Nacht umbringen und ausrauben würde. Sie forderte ihn dann sofort auf, die Wohnung zu verlassen.

Solche Geschichten wurden herumgereicht. Maria musste dabei lächeln. Sie fand aber auch, dass ihre Kolleginnen Mut hatten. Sie konnte sich das nie erlauben. Die Art von Liebe fand sie jedoch auch schmutzig und dreckig. Wohin sollte ein solches Verhalten führen? Sie war schon froh, dass sie nach Hause zurückkehren konnte und dort gut aufgehoben war. Ihren Lohn durfte sie jeweils stets behalten und auf die Seite legen. Ein grosser Teil wanderte auf ihr Sparkonto. Mit dem Rest kaufte sie sich einige schöne Sachen zum Anziehen und brauchte selten Geld, um Geschenke zu besorgen, denn bei Familieneinladungen kauften immer die Eltern die Geschenke. Ihre Mutter sagte ihr, dass sie das Geld während ihrer späteren Ehe wohl gut gebrauchen konnte. Sie solle es auf die Seite legen, das war für eine Frau wichtig. Überhaupt war das wichtig. Eine Frau müsse immer etwas haben und nicht immer die hohle Hand machen, dass meinte jedenfalls die Mutter. Ihre Brüder allerdings hatten es nicht so wie sie. Sie mussten den ganzen Lohn abgeben und bekamen für den Monat ganze zweihundert Franken. Dafür wurde ihnen der Haushalt gemacht, geputzt, gekocht und gewaschen. Sie durften auch stets den Zweitwagen benutzen. Das Geld brauchte Umberto für den Bau des zweiten Hauses auf Sizilien. Die Söhne waren schliesslich die Erben. Sie sollten schon früh lernen, was es bedeutete, zu sparen und an die alten Tage zu denken. Später würde man sie beneiden, doch vorher musste man im Schweisse des Angesichts auf manches verzichten. So jedenfalls dachten die Eltern und die Söhne hatten sich zu beugen. Dies war nicht leicht. Es gab deswegen manche Auseinandersetzung und viel Streit. Es flogen auch die Fetzen. Die Brüder bekamen ab und zu eine ausgewischt. Die Mutter wollte dazwischen und bekam manchmal auch ein blaues Auge. Als sie dann so arbeiten ging, erzählte sie stets, sie sei die Treppe heruntergestolpert, doch die Kolleginnen glaubten ihr natürlich nicht und tuschelten hinter vorgehaltener Hand. Ein Sizilianer war doch das Allerletzte. Nie sollte man einen Spaghettifresser heiraten.

Die Ehe von Nadja und Umberto war aber nicht schlecht. Man kam über die Runden. Der Wochenplan war genau durch die Arbeit und die Besuche geregelt, dies traf auch für den Sex zu. Höchstens zweimal und nicht mehr. Umberto arbeitete während der Nacht Schicht und am Tag hatte er genügend Zeit für sich selbst. Er ging oft durch das Rotlichtquartier an der Langstrasse. Dies war kein Zufall, denn in frühen Zeiten war dies das Italiener-Viertel. Nun hatten sie aber den Jugoslawen und Türken Platz machen müssen. Seine Freunde meinten aber, der Umberto wüsste sehr genau, manchmal zu genau Bescheid darüber, wieviel eine Nutte für ihre Dienste haben wolle.

Er gab aber nie zu, dass er diese Dienste in Anspruch nahm. Seine Frau dachte schon ab und zu an die Untreue des Ehemannes. Was konnte sie aber dagegen tun?

Die meisten Italienerinnen sind im Grunde untreue Ehegatten, weil die Ehemänner in der Ehe alles andere als befriedigt sind. Eine Ehe besteht eben doch nicht aus nur gut kochen und Kinder versorgen. Anscheinend haben es die italienischen Männer nicht gelernt, mit ihren Frauen darüber zu sprechen. Solche Themen scheinen ein Tabu zu sein und doch ist ein Bedürfnis vorhanden, denn sonst würde man ja keine Fehltritte machen. Doch Fremdgehen ist ein Thema für sich. Darüber könnte man ganze Bücher schreiben. Das

Fremdgehen ist in Italien allerdings Mode und es gibt Fernsehanstalten, wo Ehepaare eingeladen werden und die Frauen sich die Konkurrentinnen von Angesicht zu Angesicht anschauen müssen. Dies ist die Geschichte der doppelten Moral. Männer in italienischen Ehen haben diese Rechte. Frauen haben gar keine Rechte. Dies ist eigentlich sehr erstaunlich, denn erstens ist Italien ein erzkatholisches Land. Die Kirchen sind ziemlich voll, doch von der ursprünglichen wahren und aufrichtigen Moral findet sich im Süden sehr wenig. Vielleicht kann das auch daran liegen, dass, wenn der Löwe einmal losgelassen wird, er auch ziemlich laut brüllt und tüchtig Beute macht.

Nadja kontrollierte ihren Ehemann. Manchmal fuhr sie ihm nach. Sie hatte einen alten roten Golf und somit etwas Freiheit. Dann wiederum konsultierte sie, ebenfalls an der Langstrasse, eine alte Hexe, die von ihr stets zweihundert Franken verlangte und die ihr ganz genau sagen konnte, was ihr Mann tat und wo er sich gerade aufhielt. Le streghe, die Hexen, spielen in Italien und auch in der Emigration eine grosse und wichtige Rolle. Wehe, ein Mensch spult nicht, wie er sollte, dann muss er stets mit einer „fattura", einem Zauber, rechnen. Er wird so verzaubert, dass er sich den Wünschen des anderen zu beugen hat. Dabei werden in einem Getränk

Haarteile oder Menstruationsblut beigemischt und Zauberformeln gesprochen, nicht selten wird der verzauberten Person eine Puppe untergejubelt. Das alles nennt man Voodoo-Zauber. Mit dem Einzug der Italiener, Araber, Türken und Lateinamerikaner haben sich auch die Voodoo-Zauberer in Zürich etabliert. Diese Art von Zauber hat nichts mit dem einfachen Sternen- oder Kartenlesen zu tun. Da geht es um ernste Dinge. Es werden Trennungsrituale praktiziert und es wird sogar versucht, wenn nötig, den Feind zu töten.

Wenn sie denken, meine Damen und Herren, dies sei nur Blödsinn, dann irren Sie sich. Wir Menschen stehen nämlich einer mächtigen Geistwelt gegenüber, von der wir absolut keine Ahnung haben. Sie sollten sich deshalb Ihre Freunde und Feinde einmal richtig ansehen. Wissen Sie wirklich, wem Sie eigentlich vertrauen? Das Gleiche gilt für Geschenke. Nicht alle Geschenke sind gut gemeint. Es können auch Gegenstände darunter sein, die besprochen wurden. Vorsicht ist auch geboten bei Bildern, die verträumte oder esoterische Landschaften zeigen. Wenn Sie öfters als normal krank sind, fragen Sie sich auch weshalb. Leben Sie denn wirklich ungesund? Kann das wirklich möglich sein, heute im Zeitalter der gesunden Ernährung, wo doch allerorts vitaminreich und fettarm gegessen wird und wo für den Körper so viel Training wie noch nie zuvor gemacht wird! Hinterfragen Sie sich! Sind Sie wirklich krank oder sind Sie negativen Einflüssen unterstellt? Voodoo oder Zauberei wirkt direkt und mit böser Absicht. Was allerdings auch nicht unterschätzt werden soll, sind negative Gedanken anderer Menschen.

„Ich glaube, du solltest mehr auf dich achten, du siehst heute blass aus!" Tun Sie das wirklich? Und wenn schon! So schlimm ist es ja nicht, dass ein guter Freund einem das sofort vorenthalten muss. Hat er Ihnen nichts Besseres zu sagen?

„Na ja, Schmerzen müssen wir hinnehmen, wir werden einmal geboren und alle müssen wir einmal sterben." Das ist sicher wahr, aber behalte es für dich!

„Schmerzen sind gut, sie führen uns zu Gott zurück." Hier denkt der Sagende sicher: „Hoffentlich befördern sie dich dorthin, wo du hingehörst, zur Hölle." Sollte er dies nicht sagen wollen, so hat diese Aussage etwas von Resignation! Wenn Sie solche Sätze hören, dann stellen sie den Sprechenden sofort ab und sagen ihm ganz entschieden, dass sie das nicht hören möchten. Bejahen Sie für sich stets das Beste und erwarten Sie nur Gutes. Das Gleiche gilt für Beruf und Finanzen. Zauberei beginnt eben schon beim Wort. Worte sind mächtige Gebilde, die Formen annehmen können.

Beachten Sie deshalb ganz genau, mit wem Sie reden und vor allem worüber Sie reden!

Dies gilt vor allem für die Damen, die sich nach Glück sehnen. Wenn eine sagt „in der Liebe habe ich nie Glück", dann wartet sie wirklich lange und vergebens auf den Richtigen.

Ebenso falsch ist es zu bejahen „die Männer wollen einem nur ausnützen", dann zieht man in der Tat nur solche an, dies es aufs Geld abgesehen haben. Also aufgepasst.

Nadja wusste sehr wohl, wie sie ihren Mann unter Schach halten konnte. Sie sorgte schon dafür, dass es ihm gut aber doch nicht allzu gut ging. Dann konnte sie nämlich all ihre Künste zeigen und sich um ihn kümmern, was er an ihr besonders schätzte.

Maria wusste um all diese Dinge, sie wusste, dass es in ihrer Familie nicht immer zum Besten stand, doch sie sagte nichts. Sie war die einzige Tochter und hatte Extrawürste. Sie wurde vom Vater verehrt wie eine Madonna. Solange dies so war, wollte sie nicht dazwischenfunken. Wenn die Brüder Schwierigkeiten hatten, war das nicht ihr Problem. Mit ihr hatte man ja nun andere Pläne, das war für sie wichtig, darüber musste sie sich den Kopf zerbrechen.

Irgendwann unter der Woche ging sie mit den Eltern zur Familie Tozzi, wie immer säuberlich und unschuldig herausgeputzt. Bei diesem Besuch wurde man deutlicher.

Zunächst wurde Kaffee serviert. Man sprach über Belangloses, doch dann meinte Marias Mutter: „Ich habe meine Tochter stets gut erzogen. Wie sie heute für mich den Haushalt macht, wird sie das auch später für ihre Schwiegermutter erledigen. Sie ist ein braves Mädchen und sagt nie nein. Sie kommt immer sofort nach Hause und hatte nie Flausen im Kopf. Sie ist eine richtige Italienerin."

Amen, das klang fürs Erste nicht schlecht! Salvatore wollte nun Maria sein Zimmer zeigen und danach sein Auto. Aber ja doch, er sollte dies tun. Einen Spaziergang sollten sie auch unternehmen, denn sie mussten sich kennenlernen. Unterdessen sprachen die Eltern unter sich. Salvatores Schwester servierte nach.

„Was bringt denn dein Sohn in die Ehe, mein Freund", wollte Umberto wissen.

„Wir haben in Lecce ein sehr grosses Haus. Es hat ganze acht Zimmer, einen grossen Garten und wir besitzen auch Ländereien meines Vaters, wo Orangen, Zitronen und Olivenbäume wachsen. Dies wird eines Tages alles meinem Sohne gehören. Das ist ja klar, das muss ich dir ja nicht sagen."

„Ich weiss natürlich, dass ihr vermögende Leute seid und mit Gottes Hilfe einiges erreicht habt. Ich möchte aber auch gerne wissen, was dein Sohn an Bargeld in die Ehe mitnimmt. Du weisst ja, der Mensch lebt nicht vom Brot allein und ich möchte meine Tochter Maria nur in guten Händen wissen."

„Auf deine Frage, Umberto, muss ich dir ganz ehrlich gestehen, dass an Barem nicht viel da ist. Du weisst, wir investieren das Geld in Süditalien und hier müssen wir auch leben. Mein Sohn ist knapp aus der Lehre, da hat er noch nicht viel auf die Seite gelegt. Doch er ist ein ehrlicher Mensch und gewillt, für seine zukünftige Familie zu sorgen. Es ist nicht leicht, in der Schweiz Geld auf die Seite zu legen. Dann habe ich noch eine Frau und eine Tochter, die muss ich auch versorgen. Mein Gott, du weisst ja selbst, wie teuer das Leben ist."

Marias Eltern waren von der Antwort nicht gerade begeistert. Die Tochter machte also nicht eine gute Partie. Aber die Leute waren anständig und das zählte nur. Wenn die beiden Eheleute auch arbeiteten und ehrlich waren, würden sie es zu etwas bringen.

Maria und Salvatore schauten sich das Zimmer an. Es war ein Zimmer, wie es heute junge Männer ausstatten. Viele Kassetten lagen herum und an den Wänden befanden sich riesige Poster. Auch zwei nackte Frauen schauten Maria herausfordernd an. Die verdeckten gar nichts. Eine hatte sogar ihre Beine gespreizt und zeigte ihre ganze Scham, die nass und flüssig aussah. Da stieg Maria die Röte ins Gesicht.

Sie schämte sich. Salvatore bemerkte dies gar nicht. Die Bilder hingen schon lange an der Wand und er beachtete sie gar nicht. Er wollte bald ihr Ehemann sein. Im Zimmer, das einfach gehalten war, gab es nicht viel zu sehen. Salvatore wusste auch nichts zu berichten und deshalb öffnete er den Kleiderschrank und zeigte ihr seine guten Anzüge. Dann gingen sie hinaus und sie nahm in seinem blauen Fiat Platz. Er wollte sie spazieren fahren.

„Wie gefällt dir mein neues Auto?"

„Ganz toll. Gehst du oft aus damit?"

„Sicher, was denkst du denn? Man kann ja nicht den ganzen Samstag und Sonntag zu Hause sitzen. Man muss mal was unternehmen, Freunde treffen, Fussball spielen und einfach das Leben geniessen. Und glaub mir, wenn man ein Auto hat, ist man viel freier. Kannst du überhaupt Auto fahren?"

„Ja, ich habe den Führerschein gemacht. Mein Vater hat oft mit mir geübt. Jetzt fahre ich aber nie. Mein Vater oder meine Mutter fahren. Dann habe ich zwei Brüder. Wenn wir mal nach Italien gehen, dann gibt es immer jemand, der am Steuer sitzt. Ich komme einfach nicht dazu. Und ganz ehrlich gesagt, mein Vater erlaubt es auch nicht. Stell Dir vor, ich würde sein geliebtes Auto zu Schrott fahren. Das würde er mir nie verzeihen."

„Ja, das ist für uns Männer halt schon das Schlimmste. Das ist auch richtig, wieso solltest du denn fahren? Es genügt ja, wenn andere fahren. Schon ein toller Abend was? Gut, dass wir nicht mit den anderen zusammensitzen müssen."

„Da hast du Recht. Die sprechen den ganzen lieben Abend lang. Also letzten Sonntag bei uns hätte ich auch gerne meine Beine vertreten. Danach war ich vom Herumsitzen mehr müde als alles andere."

„Das war auch nur beim ersten Treffen so. Jetzt gelten wir als Verlobte und dann kommst du immer mit, ausser halt, wenn ich Fussball spiele, da würdest du dich langweilen. Ich musiziere aber auch und bin oft auf Festen. Da geht die Post ab. Ich werde dich in meine Gruppe einbauen und wenn du Talent hast, kannst du ja singen."

„Das hab ich nie versucht."

„Das ist überhaupt nicht schwierig. Heute singen alle Idioten und machen erst noch einen Haufen Geld. Was andere können, kannst du auch, glaub mir. Bedingung ist einfach, dass es dir selber Spass macht."

„Wir werden ja sehen. Du führst aber ein interessantes Leben."

„Ja, sicher, vom Opa Dasein wie mein Alter das macht, halte ich gar nichts. Alle diese Fressorgien und das ständige Zusammensitzen, davon habe ich schon lange genug."

„Es ist für mich ungewöhnlich, dass ich mich nun plötzlich verloben muss."

„Was meinst du denn, für mich etwa nicht? Und was heisst hier „muss". Man muss nur etwas im Leben und das ist Sterben. Du hast gar nichts kapiert! Du kannst erst mal schauen, ob du mich überhaupt magst. Zu mehr kann man dich gar nicht zwingen. Und das Gleiche trifft natürlich auch für mich zu. Doch wenn es unsere Eltern glücklich macht, dann probieren wir es eben, meinst du nicht?"

„Ja, wieso nicht. Aber ich müsste dich schon besser kennenlernen, meinst du nicht, schliesslich heiraten wir ja eines Tages und dann müssen wir immer zusammenleben."

„Sicher werden wir uns kennenlernen. Ich hole dich unter der Woche ab und dann machen wir Spazierfahrten. Leider können wir uns nicht bei dir oder bei mir zu Hause treffen. Ich will ja nicht immer Aufpasser dabei haben."

„Wenn du auf etwas Bestimmtes hinaus willst, dann möchte ich dir gesagt haben, dass du mich vor der Ehe nicht anrühren kannst. Ich möchte jungfräulich in die Ehe und mich für meinen Mann aufbehalten, damit ich mit ruhigen Gewissen in Weiss heiraten kann, so wie es die heilige Kirche vorschreibt."

„Mach dir diesbezüglich keine Sorgen. Ich rühr dich nicht an. Aber küssen, das darf ich wohl oder etwa nicht? Ich weiss zwar auch nicht, woher unsere Alten diese verkorksten Ideen herhaben. Wenn ich ja doch dein Mann werde, wo ist denn der Unterschied, ob ich vorher oder nachher mit dir Liebe mache?"

„Da hast du vielleicht Recht. Über Ansichten kann man sich streiten. Aber ich möchte es so, weil ich meine Eltern respektiere und weil das für mich viel romantischer ist."

„Hör mal, nächsten Donnerstag hole ich dich ab und dann kommst du mit mir auf einer Fete. Ist dir das recht?"

„Ja, was muss ich denn da anziehen. Wann kommst du denn und wie lange dauert das Fest?"

„Komm ja nicht so aufgedonnert. Leger und sportlich, das reicht. Und wir kommen bestimmt nicht vor ein Uhr morgens zurück. Ein Uhr morgens ist sogar früh, doch wegen dir mache ich halt eine Ausnahme. Weisst du, wenn man es gemütlich hat, bei essen, tanzen und musizieren, dann vergeht die Zeit wie im Nu. Du drehst dich zweimal um und es ist schon zehn Uhr. Du verstehst mich ja, nicht wahr?"

Das war schon spät, aber was soll's. Sie musste einfach mitgehen, da gab es nichts zu rütteln. Sie gingen dann hinauf. Die Stunde war vorgerückt. Die Eltern sagten ihr nichts über die geführten Unterredungen. Sie wusste nur, dass in genau drei Monaten in einer gemieteten Turnhalle Verlobung gefeiert werden sollte. Alle Verwandten waren eingeladen, sogar die Urgrosseltern reisten aus Sizilien an. Ihr Treffen mit Salvatore.

Sie hatte sich das etwas anders vorgestellt. Sie teilte den Eltern mit, dass sie Salvatore auf einem Fest begleiten würde. Die waren darüber hocherfreut, als ob dies ein Zeichen wäre, dass zwischen ihrer Tochter und dem zukünftigen Schwiegersohn bereits bestes Einvernehmen herrscht. Die Eltern sprachen auf dem Heimweg nicht mehr mit ihrer Tochter. Sie redeten über die Verlobung, über die Anreise der Verwandten und über den nächsten Urlaub, den man zusammen verbringen wolle.

Maria ging bis zu besagtem Termin ihrer Arbeit nach. Sie war auf Donnerstag hin nicht nervös. Sie freue sich aber auch nicht darüber wie es Jungverliebte machen. Auf dem Fest sah sie, wie Salvatore spielte. Die übrigen Leute amüsierten sich und hüpften herum zu den melodischen Klängen. Alle waren Italos. Sie nahm neben Frauen Platz und stellte sich Verlobte des Hauptmusikers vor. Das war für die übrigen Frauen interessant. Sie sparten nicht mit Komplimenten und wollten genau wissen, wie und wo die beiden sich kennengelernt hatten. Da konnte sie nicht viel erzählen und sagte nur, sie wollten es zusammen versuchen. Für die Verlobung und das weitere Zusammenleben bekam sie viele Ratschläge. Maria fragte sich, weshalb die Frauen nur über sie sprachen. Was hätten sie denn gemacht, wenn sie heute nicht hier gewesen wäre? Für sie dauerte der Abend nicht lange, obschon sie erst gegen zwei Uhr morgens nach Hause kam. Salvatore kümmerte sich nie um sie. Er hatte genug anderes zu tun. In den Pausen sprach er gerne mit seinen Kollegen. Einmal tanzte er aber mit ihr. Auf der Tanzfläche fühlte sie sich wie eine Primadonna. Sie dachte, alle würden nur sie anschauen und dass sie mit Abstand die schönste im Saal war. Salvatore tanzte aber auch mit vielen anderen Mädchen. Die eine war mit ihm zur Schule gegangen, die anderen kannte er schon seit Jahren. Das musste eben sein. Er konnte diese Damen nicht einfach auf die Seite schieben nur weil Maria da war. Sie hatte ja ohnehin keinen Grund zur Eifersucht. Salvatore interessierte sich überhaupt nicht für Frauen und hatte ganz andere Dinge im Kopf.

Als sie nach Hause kam, da knallte es. Von unten bemerkte sie, dass oben noch Licht brannte. Salvatore ging nicht ihr hinauf. Er drehte sein Auto um und fuhr nach Hause.

Umberto kam ihr entgegen: „Was soll das, Maria? Haben wir in unserer Familie neue Sitten? Weisst du wie spät es ist?"

„Ja, Papa. Aber es nicht meine Schuld. Das Fest dauerte eben lange. Und bis Salvatore alle seine Musikinstrumente eingepackt hat, wurde es eben spät."

„Salvatore wird mir gleich selber sagen, was er in der ganzen Zeit gemacht hat. Ich fahre nämlich zu ihm. Nadja, bring mir meine Hosen her. Und solche Feste kannst du in Zukunft vergessen. So, sprich du nun ein ernstes Wort mit deiner Tochter."

Umberto ging und kochte vor Wut. Er schlug die Türe zu. Ob viele aufgewacht waren? Maria konnte ja nicht wissen, dass das Ehepaar schon zwei Stunden miteinander gestritten hatte.

Die Mutter sagte: „Maria, du weisst doch, dass dein Vater auf dich aufpasst und dass du nicht so spät heimkommen kannst."

„Mamma, es war wirklich nicht meine Schuld."

„Sag mir nur das eine. Was hat er mit dir gemacht? Hat er dich angefasst?"

„Mutter, es ist gar nichts passiert. Grosses Ehrenwort. Du kannst dich auf mich verlassen. Ich hätte das auch nie zugelassen. Ihr wisst aber, dass Salvatore Musik macht. Er hat in Zukunft viele solche Feste. Wenn es euch nicht passt, dass ich mitgehe, dann müsst ihr ihm das eben klarmachen. Ich kann ja nicht für zwei Stunden dabei sein und dann nicht."

„Darauf kannst du dich verlassen, du warst das letzte Mal auf einem solchen Fest."

Umberto fuhr wild durch die Stadt. Es kam ihm wie eine Ewigkeit vor. Die Ehre seiner Tochter war für ihn alles. Dafür hatte er gelogen und sich bei der Bäckerei, wo er nachts arbeitete entschuldigen lassen. Jetzt wollte er Ordnung in eine schlechte Angelegenheit bringen.

„Tozzi, ich sage dir, dein Sohn hat sich wie ein Schwein benommen. Er nimmt meine einzige Tochter zu einem sogenannten Fest, und das mitten in der Woche und bringt sie erst um zwei Uhr morgens nach Hause. Was soll das? Ich frage dich, ist das etwa ein Benehmen?"

„Reg dich ab Umberto. Ich verstehe dich ja. Nimm Platz! Meine Frau wird uns einen heissen Espresso machen. Was ist denn vorgefallen?"

„Das möchte ich dich gerne fragen? Wie ich sehe, weisst du aber nicht mehr als ich!"

„Ich kann dich verstehen und kann dir nur versichern, dass mein Sohn sein blaues Wunder erleben wird. Salvatore, zum Teufel nochmal, komm sofort hierher."

Verschlafen stand er im Pyjama vor ihnen. Tozzi wartete nicht mit Erklärungen ab. Er lief auf ihn zu und gab ihm eine Handvoll Ohrfeigen. Salvatore deckte sein Gesicht und wehrte sich nicht.

„Lasst ihn, es ist genug", schrie die Mutter auf.

„Du unehrlicher Kerl. Ich habe einen Sohn erzogen und du hast dich wie ein Schwein benommen. Du weisst doch genau, dass du mit deiner Verlobten nicht so lange wegbleiben kannst."

„Was ich nicht alles wissen muss! Ich habe langsam die Nase voll von euch allen. Was habe ich denn falsch gemacht? Meint ihr etwa, ich würde mein Leben ändern nur weil ich jetzt verlobt bin oder mich verloben muss? Ich weiss nur, dass meine Auftritte immer so lange gedauert haben. Das war auch hier nicht anders. Lasst mich ja in Ruhe!"

„Hast du sie entjungfert, du Schuft", fragte Umberto.

„Gar nichts habe ich gemacht, Mann, ich sag dir nur etwas, wenn du dich nicht anders ausdrücken kannst, dann nimm deine Maria und such dir einen anderen Idioten aus."

„Schon gut, Salvatore, geh wieder ins Bett. Ich werde die Sache schon regeln", sagte ihm Tozzi.

Die Väter sprachen lange miteinander. Sie kamen überein, dass die beiden jungen Leute sich gut kennenlernen sollten. Man wollte ihnen dafür Raum gewähren, doch es durfte nie später als einundzwanzig Uhr dreissig werden. Maria ging am Morgen arbeiten. Sie musste ausgeruht sein und frisch aussehen. Ausserdem musste man die Ehre der jungen Frau schützen. Umberto betonte nochmals, dass man sie vor der Hochzeit nicht anfassen dürfe. Er wäre zu allem bereit, er würde sogar jemanden töten, wenn man seiner Tochter etwas antun würde.

Nach diesem Ereignis ging es bei den Brautleuten nicht mehr so stürmisch zu. Sie hatten aber viel Gelegenheit, sich zu treffen und miteinander zu sprechen. Meistens fuhr sie Salvatore herum und zahlte ihr ein Eis. Dann parkte er sein Auto vor der Wohnung und sie sprachen im Wagen miteinander.

Das Verlobungsfest war ein Vorgeschmack auf die bevorstehende Hochzeit. Es hatten sich ungefähr zweihundert Leute zusammengefunden, nur enge Verwandte. Fremde oder gute Freunde waren noch nicht zugelassen. Bei der Hochzeit ja. Bei der Verlobung nein. Dass war ein reines Familienfest! In der gemieteten Turnhalle waren die Stühle in Hufeisenform angelegt worden. Vorne auf den Ehrenplätzen sassen in der Mitte das Verlobungspaar und rechts und links davon die Eltern. Dann kamen die Taufpaten, die Grosseltern und Onkeln und Tanten. Es folgten die Cousinen und Cousins, Nichten, Neffen, Enkelinnen und Enkel. Viele tummelten sich herum. Es war eine fröhliche Runde.

Festsaal muss bei den Italienern richtig verstanden werden. Getischt wurde selber. Es halfen keine Angestellten und es gab demzufolge auch keinen Service. Für das Kochen war man auch selbst verantwortlich. Es wurde darauf geachtet, dass man Köstlichkeiten anbot, die nicht allzu viel Arbeit gaben, damit die Damen der beiden Familien möglichst bei der Feier dabei sein konnten.

Als Vorspeise gab es ein Antipasto, welches aus verschiedenen Specksorten und Salami und anderem geräucherten Fleisch bestand. Dazu gab es dunkles Brot und Rotwein. Die Italiener stehen sehr auf Salami. Gerne wollten viele ein zweites Mal davon haben. Dafür war aber ausgesorgt. Dann gab es Kartoffelsalat und grilliertes Fleisch, dass es einem bis zu den Ohren heraushing.

Dazwischen wurde getanzt. Es gab italienische Musik. Die Tarantella wurde mehrmals gespielt. Man diskutierte lebhaft miteinander und alle freuten sich. Oft hörte man „vivano gli sposi", es lebe das Brautpaar. Da freute sich Maria besonders und lächelte ihr typisch schüchternes Lächeln. Für diesen Anlass war sie sehr hübsch gekleidet. Sie trug ein weissgraues Kostüm und ein passendes Hütlein dazu. Der Bräutigam war auch schick und dunkel angezogen.

Bevor man zum Dessert überging, verstummte die Musik und Umberto stand auf. Zuerst lächelte er verlegen, dann machte klopfte er mit einem Löffel auf den Tisch und verschaffte sich Respekt. Als alle endlich ruhig waren und erwartungsvoll in die Runde blickten, liess er los: „Meine lieben Freunde. Ich hoffe, ihr geniesst das Fest. Schmeckt euch das Essen." Lautes Gelächter. „Komm, mach schon Umberto, du Witzbold!"

„Ich möchte euch etwas aufstellen! Ihr gebt mir ja keine Chance! Also gut, ich beginne von vorne. Wir feiern heute ein

Fest! Ein besonderes Fest! Meine Tochter Maria, meine piccolina, verlobt sich. Fast kommen mir die Tränen. Ich bin glücklich, dass ich heute ganz offiziell die Verlobung in unserem Hause und im Hause Tozzi bekanntgeben kann. Maria freut sich jetzt schon auf die Zeit, wenn sie eine treusorgende Hausfrau und Mutter sein kann. Und Salvatore wurde von seinem Vater in den Werten der italienischen Tradition erzogen. Hoch lebe das neue Brautpaar."

„Hoch lebe das Brautpaar", stimmten alle mit ein.

„Ich weiss, meine Lieben, dass viele von euch jetzt schon Geschenke eingekauft und mitgebracht haben. Bitte bildet eine Schlange und jeder gibt Maria und Salvatore die Geschenke persönlich ab. Wir machen von allen Fotos, also haltet euch an die Anweisung. Bleibt ruhig, jeder kommt dran."

Damit war die Verlobung besiegelt. Die Geschenke taten das übrige. Und was war nicht alles dabei. Neue Decken, Geschirr, Schmuck, Staubfänger der feinen Art. Man hätte denken können, dies sei eine Hochzeit. Diejenigen Leute, die nur Blumen gaben, kamen sich etwas dumm vor. Jetzt war es aber zu spät, man musste vorher daran gedacht haben. Die bevorstehende Hochzeit war jedoch auch eine Gelegenheit, wo man das Versäumte nachholen konnte.

Maria fühlte sich wohl an jenem Abend. Kunststück! Als Verlobte ist man ohnehin im Mittelpunkt. Jeder küsst einen, man bekommt Glückwünsche und Ratschläge, man ist einfach der Star. Sie fragte sich, ob das später auch so sein würde. Am liebsten wären ihre Tage alle so schön und so interessant wie heute. Der schönste Abend muss aber mal zu Ende gehen und Maria fand sich zu später Stunde im Auto ihres Vaters und fuhr als Verlobte nach Hause. Nun war sie schon ein bisschen mehr als die anderen Mädchen. Ihr Status hatte sich geändert. Sie war jetzt sozusagen kein Freiwild mehr. Sie war eine respektable junge Dame, und wehe, jemand würde sie belästigen! Der bekäme ganz schnell zu spüren, wie hart Sizilianer zuschlagen konnten.

Das Leben nahm seinen normalen Lauf. Die Eltern trafen sich und besprachen die Hochzeit in allen möglichen Details. Das Organisatorische benötigt viel Zeit. Man muss sich einig sein über jedes Detail und jede Kleinigkeit, und meistens beginnen die Auseinandersetzungen schon bei der Einladungskarte. Alle Wünsche wollte man berücksichtigen und es wurde darauf geachtet, dass beide Seiten nicht zu kurz kamen. Das Geld war auch ein Punkt. Wo konnte man bestellen? Wer machte günstige Angebote? Wo blieb dabei die Qualität? Wo befanden sich die italienischen Geschäfte? Die Eltern waren ständig auf Achse. Der Ehe von Umberto und Nadja tat das sehr gut. Seit die Tochter verlobt war, gab es keinen Streit. Wie würde das später sein, wenn sie ihnen mal Enkel schenken würde. Dann käme die Sonne wieder in ihr Heim und alles war in Butter. Am meisten über diese erfreuliche Entwicklung freute sich Nadja. Umberto schlief mit ihr und sie war wieder eine Frau, obschon sie bereits dreiundzwanzig Jahre verheiratet war. Sie musste sich eingestehen, dass sie den Sex liebte. Es war doch aufregend, ihren Mann auf sich zu spüren, wie er heiss wurde und kochte und sich letztlich mit einem Aufschrei in sie ergoss. Wie lange war das schon her! Mit wem hatte er wohl diese Freuden geteilt. Sie war sich sicher, dass er Prostituierte aufsuchte. Sie konnte ja nur hoffen, dass er sich nicht irgendwo angesteckt hatte. Sie dachte aber, dass sich jeder anstecken konnte. Ihr Mann jedoch mit Sicherheit nicht, die Madonna würde schon sorgen, dass sie vom Übel verschont bleiben würde. Die Folge davon war, dass sie wieder begann, auf sich zu achten. Sie ging zum Coiffeur, schminkte sich und gab sich Allüren.

Maria sprach nun viel mehr mit ihrem Verlobten. Der gab sich allerdings nicht so verliebt, wie sie es wollte. Als der Zeitpunkt der Hochzeit in unmittelbarer Nähe rückte sagte er während einer Ausfahrt: „Weisst du, wenn wir einmal zusammen sind, werden wir zuerst

die Welt bereisen und es schön haben."

„Aber für Reisen brauchen wir immer viel Geld oder nicht?"

„Darüber musst du dir wirklich keine Gedanken machen, schliesslich arbeiten wir beide."

„Da hast du auch wieder Recht. Sag mal, wir haben für die Hochzeit schon fast alles zusammen. Was aber fehlt ist das Wichtigste, mein Brautkleid. Ich werde es nächsten Samstag mit deiner und meiner Mutter aussuchen. Ich bin schon gespannt. Hast du denn gar nicht bemerkt, dass ich schon sieben Kilos abgenommen habe?"

„Das hattest du wirklich nicht nötig. Schau dich an, du bist rank und schlank wie eine Puppe. Was die Hochzeit betrifft, hatte ich lange Gespräche mit meinen Eltern. Wir haben sogar gestritten. Nun möchte ich aber die Pläne zuerst mit dir besprechen. Deine Eltern sollen es danach erfahren."

Maria betrachtete ihn gespannt und dachte, es käme die besondere Überraschung für die Hochzeit. Er merkte, dass sie nicht wusste, woran sie war, deshalb fuhr er fort: "Maria, du bist blutjung und ich bin auch blutjung. Willst du denn wirklich schon heiraten? Ich meine, ich mag dich sehr gut und kann mir wirklich vorstellen, mit dir eines Tages eine schöne Familie zu haben. Du bist wirklich das Traummädchen, von dem deine Mutter schwärmt. Aber das Ganze ging mir wirklich viel zu schnell. Hoppla hopp und schon ist Salvatore verheiratet. Nein, mit mir nicht. Das kann dein Alter wirklich nicht bringen!"

„Ist schon gut, sagte sie geschockt, du willst mich also nicht heiraten."

„Das habe ich nicht gesagt. Was heisst denn schon heiraten? Was meinst du, was nachher kommt. Nach einer gewissen Zeit leben wir zusammen wie alte Knacker und wir sind knapp zwanzig. Hast du dir das Leben so vorgestellt? Natürlich will ich dich heiraten. Ich versuche dir aber zu erklären, dass ich es nicht sofort will. Wir können ja zuwarten ein, zwei oder drei Jahre. In dieser Zeit können wir zusammen wohnen und uns näher kennenlernen. Wir können Reisen unternehmen und vieles mehr. Schau mal, seit dieser Verlobungsgeschichte, die unsere Eltern inszeniert haben, hatten wir keine ruhige Minute. Immer ist dein Alter, sorry, dein Vater in unmittelbarer Nähe und bewacht deine Jungfernhaut. Das geht mir wirklich auf den Wecker. Was meint der eigentlich? Nein, ich sag's dir ganz klar. Eine Heirat kommt für mich nicht in Frage. Ich möchte zuerst mein eigenes Leben geniessen und meine Jugend so gestalten wie ich es möchte. Ich will Spass haben und Luft zum Atmen. Ich fühle mich jetzt schon ganz eingeengt, was soll denn später kommen?"

Maria fing an zu weinen. „Ich kann dich ja verstehen. Mir ging das auch zu schnell, doch was soll jetzt aus mir werden?"

„Du musst überhaupt nichts unternehmen. Du gehst jetzt seelenruhig nach Hause. Ich werde mit deinem Vater sprechen."

„Der wird dir an den Hals springen, das kann ich dir schriftlich geben."

„Weisst du, ich mag dich wirklich gut und ich hoffe, dass wir trotzdem gute Freunde sein werden. Wenn das mit dem Zusammenwohnen klappt, können wir eines Tages ja auch heiraten, aber ich denke auch, dass dein Vater explodieren wird."

„Das wird die grösste Blamage meines Lebens werden. Bitte Salvatore, bring mich jetzt so schnell wie möglich nach Hause. Ich nehme dir gar nichts übel. Das hättest du aber auch früher sagen können. Wieso hast du die Verlobung abgewartet?"

„Ich wollte uns eine Chance geben, aber bei deinem Vater ist nichts zu machen. Der kann dich ja nicht schnell genug loswerden."

Das war Maria aber beleidigt. So schlecht musste er nun auch nicht über Papa Umberto sprechen. Für sie war er immer noch der rechtschaffene Mann, der sich jahrelang und gut für die Familie gekümmert hat. Er ging stets arbeiten und verdiente sein Geld ehrlich. Er ermöglichte ihnen ein sorgenfreies Leben und jedes Jahr fuhren sie nach Sizilien in den Urlaub.

Als sie endlich angekommen waren, stieg sie aus und grüsste ihn nicht einmal. Sie knallte sie Türe zu. Irgendwie musste sie sich schliesslich Luft machen. Es war knapp zwanzig Uhr und die Eltern sassen in der Stube. Sie schauten sich die Nachrichten an. Maria platzte herein und liess sich auf einem Sessel nieder. Wie üblich sagte sie nichts. Die Eltern wunderten sich, dass sie so früh da war.

„Maria, ist dir nicht gut mein Kind. Willst du was trinken?"

Maria antwortete nicht. Sie stand auf und ging in ihr Zimmer, denn sonst hätte sie losgeheult.

„Los geh und schau, was deine Tochter hat", fauchte Umberto seine Frau an. Die tat sofort, wie ihr geheissen wurde. Sie fühlte sich schwach, als ob sie ahnte, dass Unheil über die Familie kommen würde.

„Was ist denn Maria? Mir kannst du doch alles anvertrauen. Wollte er etwa schon jetzt mit dir schlafen?"

„Noch schlimmer", sagte Maria.

„Was noch schlimmer! Der kann ja was erleben. Wenn ihr mal verheiratet seid, kann er alles mit dir machen, vorher sicher nicht."

„Ich sagte noch schlimmer. Er will mich nämlich gar nicht heiraten. Anscheinend hat er schon mit den Eltern darüber gesprochen. Das ging ihm alles viel zu schnell sagte er. Er will allerhöchstens mit mir zusammenwohnen, aber heiraten, das nicht."

Marias Mutter war nicht mehr fähig zu sprechen. Der Kiefer hing ihr herunter und es dauerte eine Weile, bis sie sich gefasst hatte. War das die Möglichkeit? Ihr blieb gar nichts anderes übrig, als diese schlechte Neuigkeit ihrem Mann weiterzugeben. Sie verliess das Zimmer des Mädchens und ging hinaus.

Sie sagte ihrem Mann, dass es etwas Ernstes war und dass sie den Fernseher abstellen musste. Dann holte sie einen Whiskey und schenkte sich beiden ein. Umberto sass aber ruhig da. Er rechnete wohl nicht mit einer derart schlechten Nachricht. Als Nadja alles erzählt hatte, wich Umberto jegliche Farbe aus dem Gesicht.

„Aha, so hat er sich das vorgestellt. Das kommt überhaupt nicht in Frage. Sie zuerst ficken und dann zu uns zurückschicken. Er soll sich eine andere Nutte dafür suchen. Maria ist meine Tochter und sie ist zu schade für ihn."

Nach einem Wortwechsel, der sehr heftig war, stand für Umberto fest, dass die Tochter entlobt war.

„Besser jetzt als später. Ist ja wirklich gut, dass er jetzt mit der Sprache herausgerückt ist. Der Schuft liess mich für die Feier noch Geld ausgeben."

„Was machen wir denn mit allen Geschenken", wollte Nadja wissen.

„Scher dich mit dem Plunder. Das ist nun wirklich nicht das Wichtigste. Morgen werde ich mit den Tozzis reden. Die haben ja schon vorher gewusst, was sie für einen Sohn haben. Das war nun wirklich nicht fair. Ich bin ein rechtschaffener Mann! Mit mir hätten sie so was nicht machen sollen. Denk nicht zu viel und überlass alles mir."

In jener Nacht konnte Umberto kein Auge zu tun. Auf seinem Arbeitsplatz in der Bäckerei war er nur halb bei der Sache. Die Geschichte ging an seine Ehre. Das ihm das passieren musste. Vater Tozzi konnte ihn auch nicht befriedigen: „Weisst du, ich bin viel mehr schockiert als du. Ich fuhr aus allen Wolken. Aber was kann ich schon tun? Ich hab ihm einige runtergehauen und umbringen kann ich ihn ja nicht. Es tut mir leid. Es tut mir wirklich sehr leid. Ich habe Schande über deine Familie gebracht."

„Die Schande konnte ich, Gott sei Dank, gerade noch verhindern. Ich weiss, du kannst ja nichts dafür. Du musst deinen Sohn an der kurzen Leine halten. Er ist ein richtiger Schweizer geworden. Eins kann ich dir jetzt schon sagen. Der wird dir Schwierigkeiten machen. Wenn du denkst, der käme mit dir zurück nach Italien, dann schlag dir das jetzt schon aus dem Kopf. Und wenn du alt geworden bist, will er auch nichts mehr von dir wissen. Dein Sohn ist ein richtiger Träumer. Was will er denn? Die Frauen bumsen was! Heute bumst aber keiner gratis. Wenn er Kuchen in die Öfen schiebt und Kinder kommen, dann wird er tüchtig zahlen müssen. Klär ihn doch auf, was ihn erwartet! Ich jedenfalls nehme meine Maria wieder. Die hat es zu Hause besser als bei euch. Ein Stück Brot und Butter habe ich immer für sie übrig."

Umberto musste sich Luft machen. Tozzi konnte nicht nachempfinden, was er fühlte. Aber auch er hatte eine Tochter. Wenn ihm eines Tages dasselbe blühte, würde er schon sehen.

Umberto ging wieder nach Hause. Den Familienangehörigen wurde stets die gleiche Geschichte aufgetischt. Die verstanden nur zu gut und hatten Mitleid. Auch das tat gut. Man war wieder im Mittelpunkt, wenn auch nicht in erfreulicher Weise. Der Trost drückte sich nicht nur in Worten aus. Es gab unzählige Blumen und man hätte denken können, jemand sei gestorben.

Maria hatte sich mit der Entlobung abgefunden und fing wieder an, sich zu freuen und aufzuleben. Gott sei Dank war alles so gekommen. Sie hätte diesen Fettwanz nicht gemocht. Nicht zu denken, wenn sie ein ganzes Leben mit ihm hätte verbringen müssen. Die Wut in der Familie würde sich schon legen. Mit der Zeit würde alles gut werden. Davon war sie überzeugt. Sie ging wieder mit Freude arbeiten und nahm einige Kilos zu, was ihr vorzüglich stand, denn seit der Verlobungsgeschichte war sie zu einer Bohnenstange geworden.

Eine Ehe, die ohnehin nicht im Himmel geschlossen wurde, platzte auch auf Erden. Ein Mädchen hatte Glück gehabt. Doch bei diesem Punkt hörte ihr Leben nicht auf. Wir werden ihr Schicksal weiterverfolgen. Der erste Vorhang fällt, und es beginnt ein zweiter Lebensabschnitt. Von nun an soll das Mädchen Tosca heissen.

Teil 2

Tosca, das stille Mädchen

„Komm doch mit, wir werden meiner Freundin noch einige Spitzen für die neuen Decken abkaufen. Alle sind sehr nett dort. Du wirst dich wohlfühlen. Was willst du immer zu Hause herumsitzen", meinte die Mutter mit Recht.

„Das ist eine gute Idee. Aber warte, ich muss mich noch umziehen. Meinst du etwa, ich könne mit dreckigen, verwaschenen Jeans Leute besuchen gehen. Da würde ich mich unsicher vorkommen."

„Sicher, mach nur und lass dich nicht hetzen. Wir werden danach auch einkaufen gehen, denn Ostern steht kurz bevor und da machen wir ja mehr Besuche als sonst."

„Ich brauche für den Einkauf mehr Geld als üblich und muss noch mein verstecktes Portemonnaie holen. Denn ich möchte gewissen Cousinen eine besondere Freude machen. Nur Ostereier und Schokolade sind auch nicht alles. Ich habe an Foulards gedacht. Die EPA verkauft ganz schöne Stücke und die sind nicht einmal teuer!"

Mutter und Tochter sassen im Auto und fuhren zur besagten Freundin in der Nähe. Diese wohnte nämlich an der genau gleichen Strasse, nur einen Kilometer mehr stadteinwärts. Die beiden wurden freundlichst begrüsst. Sofort rannte die Gastgeberin in die Küche und stellte Wasser für den Kaffee auf den Herd. Sie war zu Gästen stets vorzüglich und man fühlte sich bei ihr wie zu Hause. Mehr noch, man könnte glauben, dass man zur Familie gehörte. Das war eben italienische Gastfreundschaft.

„Es ist aber schön, dass du wieder einmal deine Tochter mitgebracht hast. Sie ist wirklich ein schönes und reizendes Mädchen geworden."

„Ja, ich bin wirklich stolz auf sie."

„Sie kleidet sich auch so gut. Da könnten aber meine beiden Töchter etwas von ihr lernen."

„Ich kann ja auch nähen und wenn ich einmal einen schönen Schnitt sehe, dann nähe ich ihr sofort alles. Sie hat es wirklich gut. Sie ist eben meine einzige Tochter und deshalb verwöhne ich sie etwas zu viel. Ich sage ihr aber, sie soll sich ruhig die ganz schönen

Stücke in der Boutique kaufen, schliesslich arbeiten wir ja alle. Wieso soll man ständig auf das Geld achten? Wir sind alle erwachsen und sollen uns etwas gönnen."

„Recht hast du. Man lebt nur einmal."

Die Gastgeberin holte die Ware, die sie ihr weiterverkaufen wollte und machte ein gutes Geschäft. Nadja hatte unzählige

Nichten in Sizilien. Und ständig standen Taufen und Hochzeiten bevor. Ihre Verwandten bevorzugten die gute Schweizer Qualität. Wenn sie bei ihrer Freundin einkaufte, konnte sie sicher gehen, dass die Ware auch nach mehrmaligem Waschen genau so schön war wie zu Beginn des Kaufs. Die Importe aus China und Hongkong waren zwar wesentlich günstiger, doch man konnte die Dinger bald einmal wegwerfen. Die Verwandten waren auch sicher, dass Nadja gute Preise beim Kauf machte. Sie kaufte stets kostengünstig ein.

„Wann steht denn endlich in eurem Hause die Hochzeit an? Du weisst, ich verkaufe schöne Vorhangstoffe zu günstigen Preisen."

„Ist das die Möglichkeit? Du hast noch nichts davon gehört? Der junge Mann wollte nicht so schnell heiraten. Weisst du, wir hatten alles arrangiert. Die Verlobung war bereits gefeiert und dann meinte er, er wolle noch zuwarten. Mein Mann sagte mit Recht, dass er sich das früher hätte überlegen sollen. Tosca wäre sonst jahrelang verlobt und dann hätte er sie dennoch nicht geheiratet."

„Nein wirklich, was soll das?"

„Ja, was soll das? Wieso sollte sie warten? Womöglich wollte er sie gar nicht heiraten, was dann? Nein, Maria hat sich einen besseren verdient!"

„Das finde ich auch", sagte Angela, denn so hiess ihre gutmütige Freundin, „sie ist ein nettes Mädchen hat sich etwas Besseres verdient. Wirklich. Und wie steht es bei euch, geht ihr wirklich bald zurück nach Sizilien?"

„Ja, das haben wir schwer vor. Mein Mann hat das ganze Leben gearbeitet, nein geschuftet hat er, so muss man das nennen und viele Opfer gebracht. Was sollen wir hier noch machen? Wir haben ein schönes Haus gebaut, dann haben wir Land und eine zusätzliche Wohnung am Meer, die wir ständig vermieten. Das bringt Geld! Wir leben bescheiden, und mit der Pensionskasse meines Mannes wird es weit reichen. Wir haben auch etwas gespart und sind nicht anspruchsvoll. Noch müssen wir einige Dinge regeln und vielleicht in zwei Jahren ist es dann soweit."

„Du hast Recht. Meine Kinder sind noch nicht alle fertig mit dem Studium. Aber wenn sie draussen sind, dann sagen wir auch Schweiz adieu. Also, kommt gut nach Hause und lass dich wieder mal blicken. Du kannst natürlich auch mal mit deinem Mann vorbeikommen und wir machen es uns hier gemütlich. Und du, Tosca, Kopf hoch. Nimm es nicht so schwer, du hast dir einen besseren verdient."

Angela wiederholte sich manchmal gerne. Sie tat es, um ehrlich zu erscheinen und sie meinte, dass, wenn die Botschaft wiederholt würde, würden sich die anderen das besonders gut einprägen.

Als Nadja mit Tosca die Wohnung verlassen hatten, kam eine Tochter von Angela aus ihrem Zimmer und meinte: „Hat die dumme Kuh sich entloben müssen, was! Geschieht ihr doch ganz recht. Wo sind wir denn da? Meint die, man könne einfach jemanden aussuchen und schon hätte man einen Mann zum Heiraten. Heute geht es eben nicht so einfach. Diese Zeiten sind vorbei!"

„Weisst du, die müssen noch viel lernen. Sind eben Sizilianer und noch zurückgeblieben."

Angelas Sohn bekam die Entlobung auch mit. Er war dreissig Jahre alt und hatte zum Stolz der Eltern Architektur studiert. Er schien aber am Weibergeklatsche nicht so interessiert. Maurizio verschwand meistens in seinem Zimmer und machte seine Computerspiele. Er war so was wie ein Einzelgänger. Eine richtige Freundin hatte er bisher nicht gehabt. Er kannte zwar eine Ines, die in Uster wohnte. Sie war Lehrerin. Das Mädchen war selbstbewusst, hatte lange, blonde Haare und war hübsch. Sie stammte aus gutem Hause, denn die Familie bewohnte eine Villa und der Vater war Arzt und hatte eine eigene Praxis. Das hiess etwas. Und der Sohn hätte keine bessere Partie machen können. Irgendwie glich sie seiner Mutter, denn die hatte die gleiche lange Nase. Die Verbindung ging aber nicht so wie sie sich das wünschte. Sie rannte ihm regelrecht hinterher und rief immer wieder an. Etwas passte Maurizio aber nicht. Sie war zu selbständig und verdiente ihr eigenes Geld. Sie hatte auch genaue Vorstellungen des Lebens. Das war er sich nicht gewohnt. Obschon er studiert hatte, entstammte er einer einfachen Familie und war stets verwöhnt worden. Immerhin war er der einzige Sohn der Familie. Das heisst etwas bei Italienern. Wenn man die einzige Tochter oder der einzige Sohn ist, hat man Vorteile. Nun kam diese Ines und stellte Forderungen und hatte erst noch konkrete Wünsche. Sie wollte, dass Maurizio mehr aus seinem Leben machen sollte. Er sollte zum Beispiel seine Stelle bei Siemens verlassen und in eine amerikanische Firma überwechseln, denn dort würde er glatte achttausend Franken mehr verdienen und das war Musik in ihren Ohren. Was sollte er denn mit den mickrigen sechstausend Franken, die er jetzt verdiente? Für ihn war das aber eine Stange Geld. Auch für die Familie war das viel Geld, schliesslich verdiente der Vater als Hilfsarbeiter nur viereinhalbtausend. Maurizio wurde wie ein Halbgott behandelt und die Mutter las ihm jeden Wunsch von den Augen ab. Für das Zimmer gab er aber nur fünfhundert Franken im Monat ab. Das Essen nahm er sich manchmal von zu Hause mit oder er fastete im Büro. Er achtete auf seine Ausgaben und sparte viel Geld. Knauserig war er aber nicht. Als die Mutter ihn fragte, gab er ihr zwanzigtausend Schweizerfranken, die für den Ausbau des Hauses in Italien bestimmt waren. Maurizio war ihr Sonnenschein. Ihr ganzer Stolz. Und er hatte ihre Intelligenz. Sie liebte ihn über alles. Am Morgen musste er nicht einmal aufwachen und schon stand sie an seinem Bett und brachte ihm den heissen Kaffee. Für die Töchter rannte sie auch in die Küche, doch wo sie ihren Sohn hatte, da waren die Mädchen bei weitem nicht. Sie war eine gute Mutter und konnte hervorragend kochen, weshalb Maurizio sie liebte. Er war nicht gerade der Schlankste, sah jedoch gut aus. Mutter und Sohn hatten eine enge Beziehung, und für sie war das gut so.

Vermutlich suchte er eine Frau wie die Mutter, die sich auch um ihn kümmerte. Ines wollte jedoch nicht nur zu Hause herumsitzen. Sie wollte etwas erreichen und war stets unternehmungslustig. Sie liebte ihn aufrichtig, denn sonst hätte sie ihn nicht ständig angerufen.

Einmal ging er mit einer Schwester und einem älteren Freund auf die Mainau-Insel. Diese Insel befindet sich mitten im Bodensee und gehört dem schwedischen Grafen Bernadotte, der in Schweden selber wegen Eheschliessung mit einer Bürgerlichen in Ungnade gefallen war. Auf der Insel führte er mit der wesentlich jüngeren zweiten Frau Sonja eine glückliche Ehe und hatte mit ihr noch im hohen Alter viele Kinder, die heute schon erwachsen sind. Auf der Insel gibt es nicht viel. Anziehungspunkt ist vor allem der Schloss, eine Kirche und verschiedene Restaurants, wo die zahlreichen Besucher sich verköstigen können. Bekannt ist die Insel jedoch als Ausflugsziel und für die zahlreichen Blumen, weshalb sie auch die Blumeninsel genannt wird. Hier blüht alles in tausend Farben. Überall sieht man unzählige, phantasiereiche Gebilde, die aus Blüten bestehen. Von Frühling bis spät in den Herbst hinein kommen deshalb Leute in Scharen und machen sich einen schönen Tag. Auch Maurizio hatte einmal diese Glanzidee gehabt. Vor allem wollte er seinem Kollegen eine Freude bereiten. Er kannte ihn von einer Freikirche her. Die Schwester zögerte nicht lange, als sie gefragt wurde, ob sie mitgehen wolle. Das kam nämlich nicht alle Tage vor, und wenn der Bruder sie mal gratis mitnahm, wieso auch nicht! Dieser Tag war für sie einmalig und unvergesslich. Sie liefen viel herum. Er lud beide zu einem Drink ein und es schien erst noch die Sonne. Was wollte man mehr? Sie kehrten erst gegen vier Uhr nachmittags zurück. Kaum waren sie im Hause, da läutete das Telefon. Die Schwester rannte, nahm den Hörer ab und auf der anderen Leitung war die Ines: „Ich habe versucht, euch den ganzen lieben Tag zu erreichen."

„Armes Kind, dabei war niemand da. Meine Schwester ist auf der Uni, meine Eltern sind verreist und stell Dir vor, dein Schatz hat mich zu einem Ausflug auf die Insel Mainau eingeladen. Es war echt toll. Ich fühle mich wie erhoben."

„Ich weiss, die vielen Blumen sind eine Pracht für sich!"

„Ja, und wie! Für mich war es das erste Mal, doch ich würde gerne, wieder einmal hingehen und mir alles in Ruhe anschauen. Mit Männern geht alles immer viel zu schnell."

„Schade, dass er mich nicht gefragt hat. Ich hatte nämlich nichts vor, und wir hätten doch zusammen hingehen können."

„Du hattest nichts vor, dass wusste ich nicht. Wirklich, es wäre toll gewesen, doch da musst du ihn selber fragen."

Der Bruder war schon ein komischer Kauz. Er hatte eine bildhübsche Freundin und liess sie einfach sitzen. So war er aber, unberechenbar, im Sternzeichen der Zwillinge geboren. Bei solchen Leuten weiss man nie, woran man ist. Dabei hätte er zufrieden sein können. Doch auch die Schwestern regten sich oft über ihn auf. Es schien ihn zu befriedigen, wenn er Leute wütend machte konnte. Die eine hatte echt Mitleid mit Ines. Sie wollten sich jedoch nicht in seine Angelegenheiten einmischen. Einmal trafen sie die Freundin zu einem Drink in einem Hotel und sie beklagte sich etwas über ihn. Was konnten die Schwestern schon tun?

„Ich kann wirklich nicht verstehen, warum er so blöd tut. Er könnte doch zufrieden sein, eine solch schöne Frau zu haben. Sie hat viele Vorzüge. Sie ist gescheit und stammt erst noch aus gutem Hause. So eine wie die Ines findet man nicht an jeder Ecke."

Ines erzählte vom Ausflug, den sie mit ihm unternommen hatte. Sie waren in die Berge gefahren im renommierten Ort Zermatt, wo sich sonst nur die Creme des Geldadels trifft. Für diesen Ausflug hatte sie sich neue Dessous gekauft und man hatte ein Doppelzimmer reserviert, doch Maurizio rührte sie nicht an. Sie blieb beleidigt.

„Was denkt er sich eigentlich? Er soll mir bloss nicht mit seiner Tradition kommen. Schliesslich ist er hier aufgewachsen und gross geworden. Heute warten die Männer nur darauf, dass sie paar schöne Stunden mit Frauen verbringen können und er verweigert sich. Der kann mir aber gestohlen bleiben."

Als die Schwestern wieder nach Hause gingen, erzählten sie dies einer besorgten Mutter. Die eine konterte: „Das hat nichts mit der Religion oder mit der Erziehung zu tun, Mutter, glaub mir, als ich letztlich mit ihm spazieren ging, da fragte ich ihn, wieso er Frauen gegenüber so kompliziert täte. Und weisst du, was er mir gesagt hat?"

„Was hältst du davon, wenn ich als Schwuler durch die Welt gehe?"

„Ich war natürlich schockiert, vor allem deshalb Mutter, weil ich mir deine Enttäuschung ausmalen kann. Wie kann er dir bloss sowas antun?"

„Gib nichts drauf. Der Maurizio ist normal wie jeder andere auch. Er wollte dich nur aufregen und dich schockieren. Das ist aber ein starkes Stück. Das sagt man nicht einmal im Spass, finde ich."

Wenig später erfuhr die Familie, dass sich Maurizio von ihr getrennt hatte. Sie hatte die Mutter unpässlich als Matrone bezeichnet. Alles wies darauf hin, dass Ines sie wohl nicht akzeptieren würde. Die italienische Familie ihres Freundes war ihr nicht gut genug. Vor allem hatte Maurizios Vater das schlechte Benehmen eines Südländers und konnte sich nicht einmal sprachlich perfekt ausdrücken. Was Maurizio besonders störte war jedoch der Umstand, dass Ines ihn zwar mochte, ihn aber total umändern gedachte. Er sollte dies lassen und jenes tun. Im Beruf musste er dort und dort arbeiten. Die Abende sollte er so und so verbringen. Die Ferien waren dort zu buchen. Mitkommen konnten dabei diese und jene Leute, nicht aber die anderen, die ihm passten. Und was sollte man denn schon in Italien, besser waren die USA. Dies alles schreckte ihn ab. Er war ihr aber jetzt schon nicht gewachsen, was sollte später werden. Er kam sich vor wie ein Idiot, der ständig zu anderen und besseren Dingen ermahnt wurde, trotz ihrer Liebe zu ihm. Was würde später sein? Bald sah er keinen Sinn hinter dieser Beziehung oder Freundschaft, die ihn nicht befriedigte. Er blieb lieber zu Hause, spielte Karten, machte sonstige Computerspiele und konnte ganze Wochenenden vor dem Fernseher verbringen. Die Schwestern sprachen oft bei gemeinsamen Spaziergängen über den seltsamen Bruder. Er war doch schon fast dreissig und lebte sonderbar daher. Er sollte sich doch eine richtige Freundin suchen und vor allem sollte er einmal richtig unter die Leute kommen. Sie konnten nicht verstehen, weshalb die Mutter das durchgehen liess. Die aber war froh, wenn der Sohn zu Hause blieb und sie bemutterte ihn nur noch mehr. Seine einzige Abwechslung war ein Studienkollege von der Zeit an der Uni, welcher Beat hiess.

Maurizio kannte auch einige andere Kollegen aus der Studienzeit, die alle Ausländer waren. Mit ihnen traf er sich eher selten. Darunter war ein Grieche namens Zafirios, der gegen die fünfzig Jahre war und - sage und schreibe - noch mit seiner alten fast achtzigjährigen Mutter zusammenlebte. Oft kamen diese Leute zu einem ausgiebigen Abendessen, der stets mit viel Liebe von der Mutter vorbereitet wurde. Man sass am runden Tisch und hatte es echt toll. Der Vater war aber nie anwesend. Er bevorzugte es zu jassen oder dann besuchte er wohl andere Frauen, wie sich später rausstellen sollte. Typisch Italo Männer. Deshalb erziehen sie ihre Kinder so streng. Vielleicht geraten diese mal so, wie sie es eben nie waren. An jeweils, nachdem sich Maurizio und Beat auswärts getroffen hatten, kehrten sie in die gute warme Stube zurück, und die Mutter erwartete die beiden sogar. Es war wie ein Ritual, den man mochte. Beat erzählte von seinen Reisen und Visionen. Auch berichtete er über seine Mutter, die nun in einem Häuschen bei Genf wohnte. Der Vater war verstorben, an einem schweren Herzinfarkt und er musste in frühen Jahren lernen, ohne ihn auszukommen. In letzter Zeit hatte er das Reisen erlernt und liebte es, ab und zu die Schweiz zu verlassen.

Er bevorzugte Paris, wo er mehrere Sprachkurse besuchte und die Gepflogenheiten der Franzosen kennenlernte. Wie sich jedoch herausstellte, waren es nicht nur die Stadt und die Franzosen, die es ihm angetan hatten. Er traf dort ein bildhübsches Mädchen aus Puerto Rico, die ebenfalls Architektur studierte. Bald wurden die beiden unzertrennlich. Paris ist die Stadt, wo sich Studenten aus aller Welt treffen und studieren. Unter ihnen herrscht ein toller und freundschaftlicher Umgang. Sie unterstützen und ergänzen sich gegenseitig. Dies schon deshalb, weil die meisten weit von zu Hause entfernt sind und sonst niemanden haben. Die Franzosen nämlich leben eher unter sich. Wenn man in Paris studiert, dann ist es äusserst schwierig, Einheimische zu treffen, sie näher kennenzulernen oder regelmässig Kontakt mit ihnen zu pflegen. Die fremden Weltbürger treffen sich deshalb mit Vorliebe im Quartier Latin, wo auch die Sorbonne zu finden ist. In den vielen Cafés tauschen sie ihre Erfahrungen aus und sprechen bis tief in die Nacht hinein. Dort werden auch Probleme erörtert und besprochen. Beat war froh, dass er in Studentenkreisen bald Fuss fassen konnte. Er hatte nun auch eine Freundin und fühlte sich sicherer in der grossen Stadt.

Ihn musste es wohl erwischt haben, denn er lud das Mädchen auch in die Schweiz ein. Sie nahm ihn ernst und erschien über Weihnachten. Er sagte immer, sie sei nur eine gute Kollegin und Bekannte. Und Maurizio glaubte ihm auch. Die

Studienzeit des Mädchens neigte sich damals gerade zu dem Ende entgegen, denn sie machte nur ein Nachdiplomstudium, welches nur sechs Monate dauerte. Bald musste die zurück nach Puerto Rico. Dazu kam es aber nicht, denn als die beiden wieder einmal zu Besuch waren, erzählte sie ohne Umschweife, dass sie schwanger war. Maurizio glaubte seinen Ohren nicht. War das wirklich war? Hatte er richtig hingehört? Der Beat, der war doch einer! Also doch nicht einfach eine Kollegin. Was erwartete er denn, schliesslich konnte ihm der Freund doch nicht alle Einzelheiten des Intimlebens erzählen! Maurizio musste lernen, dass über Intimes nicht gesprochen wurde. Leider hatte er dies bei Angela nie gelernt. Die beiden jungen Leute hatten sich entschlossen zu heiraten. In Blitzeseile wurde das Aufgebot bestellt. Ob das Mädchen sich absichtlich schwängern liess, sei dahingestellt, sicher ist aber, dass die beiden zusammen passten und sich vorzüglich ergänzten. Die Schwestern, die Beat gut kannten, gaben natürlich sofort das Statement

ab: „Die kann wirklich von Glück sprechen, dass sie gerade geheiratet wird. Absichtlich hat sie es getan. Hat die denn nie etwas von Verhütungsmitteln gehört? Die weiss wohl heute nicht, dass in der Schweiz solche Beziehungen alltäglich sind. Deshalb wird man noch lange nicht geheiratet. Die hat wirklich Glück gehabt." Maurizio gab nicht viel auf das Gerede der

Schwestern. Er freute sich für seinen Freund und nahm an der Eheschliessung im Zürcher Stadthaus teil. Es waren sehr wenige Leute anwesend. Die Brautleute, die Mutter und der alte Onkel des Bräutigams, Maurizio ein weiterer Freund sowie eine Schwester Maurizios. Die Schwester beschloss, diese Hochzeit passiv zu geniessen und wollte alles einfach auf sich zukommen lassen. Es kam ihr aber sehr komisch vor, dass nur so wenige Leute daran teilnahmen. Als Italienerin war sie sich gewohnt, an grossen Festen teilzunehmen und hier hatten sich nur eine Handvoll Leute zusammengefunden. Ausserdem war sie innerlich etwas empört. Tatsächlich heiratete hier eine schwangere Frau in weissem Kostüm. Sie wollte jedoch nicht nur kritisieren und zeigte sich von der allerschönsten Seite. Nach der Eheschliessung ging man ins vornehme Contrapunto, einem italienischem Restaurant in der Zürcher Altstadt, wo man gut und vornehm speiste. Sie fand doch noch Gefallen an diesem Treffen und um vier nachmittags verabschiedete man sich!

Das war also Beats Hochzeit! Von jenem Augenblick an sahen sich die beiden Freunde immer seltener. Er war bei Beat gerne willkommen und seine Frau freute sich jedes Mal über seinen Besuch, doch ohne Worte stand auch fest, dass Beat von nun an, nicht mehr so oft und allein mit Maurizio ausgehen konnte. Für ihn hatte sich einiges geändert. Er war jetzt ein verheirateter Mann und musste Verantwortung tragen. Maurizios Mutter vermisste die Freitage und die angenehmen Treffs zu Hause. Doch sie musste sich damit abfinden. Es würden bestimmt andere Freunde auftauchen. So war das Leben nun einmal. Die einen gingen und die anderen kamen.

Für Maurizio war die Änderung schwerwiegender. Er wurde nur noch gemütlicher und sein Leben bestand aus Arbeit und nach Hause gehen. Er machte sich aber schon Gedanken. Seine Freunde waren alle vergeben und was machte er? Seine Hauptbeschäftigung neben dem Broterwerb war das Sparen. Der einzige Spass, den er sich leistete, war sein Mercedes Sportwagen, der in der ganzen italienischen Gemeinschaft bewundert wurde. Wie sah er doch gut aus am Steuer mit seiner imposanten Erscheinung. Er wusste um seine Vorzüge und kostete die voll aus.

Maurizio führte natürlich sein eigenes Leben und erzählte der Mutter nur gerade das, was für sie gut war. Manche Dinge behielt er für sich. Ab und zu lud er Mädchen zu einem Kaffee ein und schätze ab, ob er wieder einmal das gleiche Mädchen einladen sollte. An einem Dienstag jedoch fuhr er mit seinem Auto herum und bemerkte Tosca, wie sie mit schweren Säcken und total beladen einen Lebensmittelladen verliess. Er fuhr um die Ecke, hupte und sagte: „Hallo Tosca, sind dir die Taschen nicht zu schwer? Komm ins Auto mit dir, ich fahre dich nach Hause!" Tosca nahm gerne an. Dies ist an und für sich überhaupt nichts Ungewöhnliches. In der italienischen Gemeinde kennt man sich und das Verhältnis untereinander ist offen und herzlich. Sie kannte ihn eigentlich gar nicht. Sie wusste aber, dass er der Sohn der Angela war. Und da die Angela eine herzensgute Frau war, dann konnte sie auch dem Sohn blind vertrauen. Im Auto sprach sie fast nichts. Sie war froh, dass sie nicht so viel schleppen musste. Die Fahrt dauerte nicht allzu lange. Man war im Handumdrehen da.

„So, da wären wir ja schon, Tosca."

„Du, das ist sehr nett von dir, dass du mich gefahren hast. Danke vielmals! Willst du noch schnell zu einem Kaffee heraufkommen?"

„Das ist nett von dir, aber ich muss gehen. Nein danke, gerne ein andermal. Hättest du aber Lust, sonst einmal mit mir eine Cola oder ein Kaffee zu trinken?"

„Wieso denn nicht. Wann passt es dir? Mir würde es passen, sagen wir mal gleich nach der Arbeit, denn ich komme nicht gerne spät nach Hause!"

„Das verstehe ich natürlich. Sagen wir mal nächste Woche, am Mittwoch um fünf Uhr nachmittags im Hotel International in

Oerlikon. Wenn mir etwas dazwischen kommen sollte, gebe ich dir vorher kurz einen Funk."

„Gut abgemacht."

Damit verliess sie das Auto und ging hinauf in die elterliche Wohnung! Die Eltern freuten sich, die Tochter zu sehen. Sie sah wieder glücklicher aus. Das Schlimmste war überstanden. Sie hatte sich erholt und nahm wieder am Leben teil. Sie interessierte sich für viele Dinge und las am liebsten leichte Frauenromane und auch italienische Bildgeschichten mit Happy End. Sie war ausserdem nicht unbegabt und bastelte viel. Ausserdem zeichnete sie gerne Modelle, die meistens bunte und frühlingshafte Kostüme mit grossen Hüten trugen. Das bevorzugte sie auch privat. Sie kleidete sich immer besser! Sie hatte sich weiterentwickelt und hatte etwas aus ihrem Typ gemacht. Die Eltern waren stolz auf sie. Tosca packte alles aus und versorgte die Ware. „Wisst ihr, wer mich hierher gefahren hat?" Die Eltern schauten neugierig auf. „Angelas Sohn! War doch nett vor ihm."

Der Vater meinte: „Hat Angela einen Sohn. Das wusste ich gar nicht!"

„Du interessierst dich eben nie für meine Bekannten. Das ist doch die Dame, die ich ständig besuche, die Dame, die mir die schönen Stoffe verkauft."

„Ah ja, jetzt weiss ich wieder Bescheid. Ich kenne ihren Mann gut und sehe ihn oft am Marktplatz. Das sind wirklich nette Leute. Was macht den der Sohn?"

Tosca meinte: „Er fährt einen Superschlitten. Nicht nur immer Fiats, wie die Italiener das machen."

„Wie kommst du mir den daher? Der Fiat ist ein guter Wagen und wir müssen natürlich den Umsatz für uns steigern. Ein richtiger Italiener, meine liebe Tochter, sollte keine fremden Produkte kaufen. Deshalb essen wir stets Pasta und kochen mit Olivenöl. Deshalb kommt nicht immer Käse auf den Tisch, sondern auch ein guter italienischer Salami", sagte ihr Umberto.

„Angelas Sohn ist ein höchstanständiger Mensch", fügte die Mutter hinzu, „er fährt nicht nur einen guten Schlitten wie du sagst. Er hat wie auch ihre anderen Kinder studiert und heute arbeitet er sehr erfolgreich als Architekt und gibt nebenbei erst noch Unterricht in der Computerbranche. Er soll sehr intelligent gewesen sein und hat an der Eidgenössischen Hochschule die besten Abschlussnoten erzielt. Heute verdient er einen Haufen Geld."

Der Vater schaute auf. Er freute sich, dass es noch junge anständige Leute gab, die wussten, wie man sich zu benehmen hatte. Und das unter den Italienern. Sie waren doch ein erstaunliches Volk. In der Geschichte, in der Literatur, in der Architektur, überall hatten sie viele berühmte Leute hervorgebracht. Man war auch führend in der Modewelt. Und wenn ein Italiener einmal reich war, dann war er reich. Da konnte sich ein Schweizer geradezu verstecken. Natürlich gab es die Emigranten, die aus dem Süden kamen und hier das Brot verdienen mussten, aber in Italien selber gab es sehr kultivierte Leute aus jeder Sparte. Viele Nobelpreisträger figurierten darunter. Und komme wie es komme, ein Verdi kannte die ganze Welt, egal, ob man die Oper mochte oder nicht! Das war der Ruhm der Vergangenheit, aber auch heute konnte man auftrumpfen mit Sophia Loren, Gina Lollobrigida und viele andere mehr. Nicht zu vergessen, war die italienische Küche, die auf eigene Art diese Kultur in die ganze Welt hinaustrug. Die Schweizer waren ständig der Ansicht, dass die Italiener nur billige und unausgebildete Arbeitskräfte waren, doch sie täuschten sich. Umberto war immer froh, wenn er Neuigkeiten über seine Landsleute hatte. Da Tosca sah, dass das Gesicht des Vaters sich erhellte, sagte sie: „Ja, er ist nett und stell dir vor, nächste Woche hat er mich zu einem Drink nach der Arbeit eingeladen. Ich habe mir gedacht, da er ein Studierter ist, nehme ich mal an. Wenigstens ist er ein Jemand nicht wie Salvatore.“

„Mein Kind, vergiss den blöden Salvatore. Recht hast du! Verabrede dich, aber pass auf dich auf! Und nachher, bring den jungen Mann schnell hinauf. Ich möchte mir schon gerne ansehen, mit wem sich meine Tochter denn so trifft", sagte der Vater.

Für Tosca war die Sache damit erledigt, nicht jedoch für Umberto. So, so, kaum war sie entlobt und nach nur einigen Monaten interessierte sich schon wieder ein Mann für sie! Dieses Mal wollte er jedoch hart zugreifen und nicht mit ansehen, wie man die Tochter fertig macht. Wehe, dieser junge Mann wollte nur mit ihr spielen, dann bekäme er es mit ihm zu tun. Das war er unnachgiebig, und dieses Mal mehr als vorher.

Pünktlich wartete Tosca auf ihn. Er erschien und war nach der Arbeit etwas müde. Der Tag war doch strenger ausgefallen als er gedacht hatte. Jetzt aber hiess es abschalten und den Abend willkommen heissen. Maurizio begrüsste sie höflich und war erstaunt, dass sie schon wartete. Sie nahmen neben dem Fenster Platz und beide bestellten, sie eine Cola, er ein Kaffee. Dann zündete er eine Zigarette an und genoss jeden Zug. Zunächst sprachen sie über die Arbeit und man glitt hinüber zu persönlichen Gesprächen. Jeder wollte genau wissen, woher der andere kam. Sie sprach über Sizilien und erklärte ihm, wie stolz sie war, aus jener Gegend zu kommen. Jedes Jahr machte sie dort mit der Familie Urlaub und freute sich, die unzähligen Verwandten wieder sehen zu können. Nein, andere Länder kannte sie nicht, doch sie hatte auch kein Bedürfnis zu reisen. Mit ihrer Familie und den Eltern war sie zufrieden. Gereist war auch er immer nach Italien, doch er hatte in der Zwischenzeit Griechenland kennengelernt. Geschäftlich war er oft unterwegs, mehr als ihm lieb war. So war er schon in Florida, England, Norwegen und Frankreich gewesen. Er erzählte ihr, dass er die Mutter einmal aus New York angerufen hatte. Da hatte sie Freude daran gehabt. Sie stürzte dann zu den anderen und erzählte: „Wacht auf, euer Bruder hat soeben aus New York angerufen. In München war er mittlerweile Stammgast. Später jedoch, meinte er, wenn er eine Familie hatte, wollte er sich einschränken. Die Schweizer seien ohnehin nur Blutsauger. Die wollten von den Leuten alles herausquetschen. Klar verdiente er jetzt gut, aber man könnte ihm auch das Dreifache zahlen. Die Konzerne machten Mordsgewinne und man müsse diese etwas quetschen. Das zu sagen, konnte er sich leisten. Er war in der Tat der beste Mitarbeiter auf seinem Gebiet. Die Leute wussten das und hatten Respekt vor ihm. Er war ebenfalls schlau und gab sein Wissen bewusst nur dosiert ab. Er konnte mit den Leuten spielen. Er erzählte ihr ebenfalls, dass er schon mehrere

Preise für Erfindungen und gute Ideen bekommen habe. Man berichtete ab und zu in den Firmenzeitungen über ihn. Schliesslich gab er ihr die Geschäftsvisitenkarte. Wenn sie etwas brauchte oder Probleme hatte, konnte sie ihn einfach anrufen. Sie war über ihn überrascht und erstaunt. Ihre Brüder verblasten gegenüber ihn. Sie hatten ja nichts gelernt. Sie waren irgendwo als Mitarbeiter angestellt. Der eine arbeitete in einem Lebensmittelladen, wo er die Gestelle auffüllte, der andere in einem Teppichladen. Beiden gefiel die Arbeit nicht. Die Brüder wollten sich einen anderen Job suchen, wo sie mehr verdienen konnten. Doch heute suchte man halt ausgebildete Fachkräfte. Sie hatten deshalb wohl nur eine geringe Chance, ihre Träume in die Tat umzusetzen. Maurizio vereinte alle guten Qualitäten in einer Person. Dementsprechend hatte er Ausstrahlung. Er war ruhig, sah gut und blendend aus. Sie war dagegen nur ein einfaches Mädchen. In seiner Gegenwart fühlte sie sich aber nicht unwohl. Als er sie dann nach Hause brachte sagte sie ihm: „Dieses Mal kannst du aber schon schnell hinauf kommen und meine Eltern begrüssen. Sie würden sich geehrt fühlen."

„Du, wieso nicht. Sicher grüsse ich deine Eltern schnell. Deine Mutter kenne ich ja bereits. Und ich glaube, deinen Vater habe ich auch schon gesehen."

Oben in der Wohnung war alles sauber geputzt. Umberto sass in der Stube und schaute sich wie immer die Nachrichten an. Die Mutter öffnete und hiess Maurizio herzlich willkommen. Sie fragte ihn auch, wie es der Mutter geht. Die üblichen Floskeln, wenn man sich sozusagen das erste Mal offiziell sieht. Dann begab man sich in der Stube. Umberto stand sofort auf, nachdem er den Fernseher mittels Fernbedienung abgestellt hatte und hiess ihn ebenfalls willkommen. Sofort wurde etwas zum Trinken serviert. Umberto fragte ebenfalls das Übliche und Maurizio fühlte sich dort wohl. Es war doch selten, dass man bei Leuten herzlich empfangen wird. Die Italiener sind eben speziell. Gastfreundschaft wird gross geschrieben. Es dauerte dennoch nicht allzu lange und dann wurde Umberto deutlicher: „Du bist ein netter junger Mann in bestem Alter. Weisst du, ich kann keine Blumen in Worten fassen, deshalb frage ich dich gerade heraus! Welche Absichten hast du mit meiner Tochter. Entschuldige, aber ich bin ein echter Sizilianer und du weisst aus welchem Holz wir geschnitzt sind. Die Ehre meiner Tochter geht mir über alles."

„Du kannst sicher sein, dass ich mit deiner Tochter nichts Schlechtes vorhabe. Ich habe sie gesehen und mir gedacht, dass sie ein sehr nettes Mädchen ist."

„Du weisst ja, dass sie eine Enttäuschung hinter sich hat. Ich sage es offen, obschon es eine Schande ist. Sie war verlobt und der Kerl hat nur mit ihr gespielt und wollte dann doch nicht so schnell heiraten. Versteh mich richtig, ich will nicht, dass es ihr wieder gleich ergeht. Tosca ist ein hübsches Mädchen, und ich muss alle Kerle mit meinen starken Händen abwehren. Das kannst du mir glauben. Du verstehst, wenn ich es nicht tue, der eigene Vater, wer soll es sonst tun! Du bist nicht der einzige und sie kommt halt in dem Alter, in dem die Männer ihr nachschauen."

„Ich kann das verstehen, Signor", sagte Maurizio und schaute sie etwas schelmisch und herausfordernd an.

„Lass den Signor. Ich bin kein Herr! Der Herr befindet sich im Himmel! Nadja, was schaust du so, hol noch mehr zum Trinken. Willst du etwa, dass uns der junge Mann verdurstet! Und nun zurück zu unsrem Thema. Ich habe über dich Erkundigungen eingezogen. Du entstammst aus einer respektablen Familie. Ihr habt es wirklich zu etwas gebracht. Kompliment und Respekt. Ich kann zu dir herauf schauen. Du kannst natürlich schon mit meiner Tochter ausgehen, aber eins will ich dir sagen. Geh das nächste Mal aus und komm dann herauf. Wenn du ernste Absichten hast und dich mit ihr verloben möchtest, dann bist du in meiner Familie ganz herzlich willkommen. Wenn nicht, dann kann ich dir nur sagen: verpiss dich und suche das Weite: Ich bin so, mein Sohn, ich sage es gerade heraus. Dafür kannst du sicher sein, dass ich nie hinter deinem Rücken reden oder dich irgendwo schlecht machen werde. Ich spreche lieber direkt und die Leute wissen, woran sie sind."

Maurizio hörte ganz gelassen zu. Tosca wurde rot. Wieder einmal hatte sie wohl gar nichts zu sagen. Der Vater hatte sie blossgestellt. Er fragte praktisch einen wildfremden Mann, ob er die Tochter heiraten wolle. Sie schämte sich und getraute sich gar nicht, ihn überhaupt anzuschauen. Maurizio wusste um die Tradition in südlichen Kreisen. Er hatte auch Feinspitzengefühl: „Ich verstehe voll und ganz und im Prinzip kann ich nachempfinden, weshalb du so reagierst. Sicher werde ich mir das gründlich überlegen und dir nächste Woche eine Antwort erteilen. Du musst aber auch bedenken, dass sich Tosca auch entscheiden muss. Ich kann ja nicht jemanden zwingen, mich zu heiraten. Sie sollte wissen, mit wem sie es zu tun haben wird. Nicht nur ich bin derjenige, der zu sich entscheiden hat."

„Da hast du Recht. Ich werde mir ihr sprechen und ihr das genau erklären. Es stimmt, Tosca, du musst dich auch entscheiden. Es kommt mir nicht in Frage, dass du dich mit Männern verabredest und nur die Zeit verlierst."

Sie sagte nichts. Als Maurizio ging, unterhielten sich die Eltern eingehend mit der Tochter. Sie sagten eindrücklich, dass der junge Mann eine brave Person sei und dass er seinen Weg im Beruf gemacht hatte. Er hatte nicht nur eine Stelle, er war sozusagen eine gute Partie. Wenn es zu einer Eheschliessung käme, hätte sie ausgesorgt, dass müsse sie schon wissen. Sie könne Kinder haben, zu Hause bleiben, sein Lohn würde für eine ganze Horde ausreichen. Ausserdem sei er Alleinerbe und da gäbe es eine ganze Menge zu holen. Sie würde eine „echte Signora" sein, die Frau eines Architekten. Das müsse sie sich wirklich gut überlegen. Man kam auch überein, dass niemandem darüber zu sprechen, nicht einmal mit den Brüdern. Maurizios Familie gegenüber sollte auch nichts erwähnt werden. Man wollte Angela in Ruhe lassen. Solange nichts entschieden war, sollte man abwarten.

Knapp eine Woche später sass Tosca mit Maurizio im Auto und wusste genau, worüber zu sprechen war. Maurizio begann: „Du ich habe mir sehr gut überlegt, was dein Vater mir gesagt hat. Ich habe mir auch überlegt, wie Ehen heutzutage geschlossen werden und denke, dass man nicht gut sein Glück auf Partys suchen kann. Man kann auch nicht gut jemanden auf der Strasse kennenlernen. Nur selten werden Ehen glücklich, wenn man eine Person auf der Strasse anquatscht. Das sind nur leichte leidenschaftliche Verbindungen, die kommen und genau so schnell gehen! Die Italiener machen das gar nicht so schlecht. wenn sie Ehen arrangieren. Das gibt es übrigens nicht nur bei uns. Andere Kulturen kennen das ebenfalls. Ich bin bereit, dich zu heiraten, sofern du es dir auch überlegt hast. Du weisst, dass ich dir einiges bieten kann und ich schätze an dir deine gute Erziehung. Du hast Klasse und weisst, wie sich eine Frau benehmen soll, wenn sie mal verheiratet ist. Du weisst, wo dein Platz ist und wirst dann keine Flausen im Kopf haben. Deshalb ich kann zu meinen Entschluss stehen und bin bereit, bei deinem Vater um deine Hand anzuhalten."

„Weisst du, ganz ehrlich gesagt, ich hatte wirklich schlaflose Nächte, als mein Vater so mit dir gesprochen hat. Ich habe erst eine Enttäuschung hinter mir und ich kenne dich ja kaum. Du hast aber studiert und wirst eine Frau sicher ehrenvoll zu behandeln wissen. Ich weiss natürlich, dass uns im Moment keine Liebe verbindet, es ist noch Respekt, aber mit der Zeit werde ich lernen, dich zu lieben. Ich denke, dir geht es wohl nicht anders."

„Meine liebe Tosca, wie bescheiden und sanft du dich auszudrücken verstehst. Respekt ist wirklich alles und eine Portion Anstand gehört ebenfalls dazu. Ich weiss noch, wie meine Mutter oft sagte, dass die sexuelle Anziehung immer das Erste ist, was im Laufe der Zeit und manchmal sehr schnell vergehen kann. Was bleibt dann? Schau dir die Schweizer an, die rennen gleich davon, wenn das vorbei ist. Wenn man aber eine Familie hat und Kinder da sind, kann man nun einmal nicht einfach davonrennen. Das ist der Hauptgrund, weshalb ich ja zu dir sage. Ein weiterer Grund ist, eine Familie muss in guten wie in schlechten Zeiten zusammenhalten. Zusammenhalten verstehe ich wörtlich in dem Sinne, dass es wichtig ist, für seine Interessen zu schauen und sparsam zu sein. Die Schweizer haben auch hier Flausen im Kopf. Ständig wollen sie etwas unternehmen, ins Theater, ins Kino, ins Restaurant. Ich frage dich, was soll das? Das heisst aber nicht, dass wir wie arme Schlucker leben werden. Ganz im Gegenteil. Ich werde für dich sorgen. Du sollst anständige Kleider bekommen, an meiner Seite sein, repräsentieren und ich werde wie ein Löwe die Interessen unserer Gemeinschaft verteidigen. Verstehst du, was ich meine?"

„Du sprichst so gut, so erhoben wie ein Direktor." Er küsste sie zärtlich auf die Wange und hielt lange ihre Hand. Die beiden sprachen lange Zeit zusammen. Er hörte ihr stets geduldig zu und gab ihr das Gefühl, wichtig zu sein. Den glücklichen Eltern wurde bald mitgeteilt, dass sie in gegenseitigem Einvernehmen entschlossen hätten, sich zu verloben. Der Vater lud den jungen Mann ein, am nächsten Wochenende nach Aigle zu fahren. Aigle sei ganz schön gelegen. Diese Abwechslung würde ihm sicher auch mal gut tun. Man konnte doch nicht immer in Zürich bleiben. Ausserdem seien die Franzosen dort sehr nette Leute. In Aigle lebte ausserdem der Bruder der Ehefrau und man konnte der Familie offiziell den neuen Bräutigam vorstellen. Der Bruder hatte drei kleine Kinder und führte einen Lebensmittelladen. Maurizio nahm gerne an. Er hatte ohnehin nichts Besonderes vor und bis anhin keine Verabredungen. Er sagte aber, er würde lieber mit seinem Auto kommen und wäre schön, wenn Umberto Tosca erlauben würde, mit ihm zu fahren. Er willigte gerne ein und machte einen Freudentanz. Die Mutter freute sich ebenfalls und sagte ihm, dass von nun an, er sie Mutter nennen könne. Das war neu, denn Salvatore durfte sich das nie erlauben. Maurizio hatte anscheinend bei beiden Punkte und wurde von ihnen sofort voll akzeptiert. Er sagte den verblüfften Eltern jedoch, dass er die freudige Nachricht selber der Mutter überbringen wolle. Bisher war sie die wichtigste Person in seinem Leben gewesen. Sie sollte es also aus seinem Munde erfahren, dies umso mehr, da er der erste in der Familie war, der heiraten würde.

Angela blieb die neue Verbindung nicht verborgen. Sie sah es nicht gerne, dass ihr Sohn sich mit derart primitiven Leuten getroffen hatte und sich offenbar weiterhin traf. Wieso war er überhaupt dazu gekommen, mit der Tosca einen Kaffee zu trinken? Hatte er denn nichts Besseres zu tun? Und was war mit seinen Kollegen? Weshalb meldeten diese sich plötzlich so selten? Na ja, die Freundschaft musste man halt gegenseitig pflegen.

Maurizio konnte nicht erwarten, dass sich diese ständig meldeten. Er musste auch bereit sein, etwas von sich aus zu geben. Jedenfalls kannte sie ihren Sohn plötzlich nicht mehr wieder. Ihr war es nicht wohl zu Mute. Maurizio hatte ihr gesagt, dass er am kommenden Wochenende mit der sizilianischen Familie nach Aigle fahren würde. Sonst hatte er aber noch nichts preisgegeben. Die arme Frau war am Verzweifeln. Angela war gerade zweiundsechzig Jahre alt geworden und arbeitete nicht mehr. Der Mann und die Kinder brachten genug Geld nach Hause. Sie selber hatte keine Hobbies. Sie nähte für andere und liess sich so ihre Kunstfertigkeit versilbern. Ansonsten achtete sie stets darauf, dass schon gekocht war, wenn der Ehemann oder die bereits erwachsene Kinder nach Hause kamen. Der Tagesablauf war für sie langweilig. Mit der Frühpensionierung fehlte ihr eine Beschäftigung und ein Sinn im Leben. Ein Sinn im Leben war für sie etwas, was das Leben verschönert, was einem anspornt, was einem Freude bereitet. Für ihren Mann war sie wie eine Schwester. Er verstand es nie, Worte zu sagen, die ihrer geschmähten Seele gut taten. Sie hoffte natürlich, dass wenn sie einmal in Italien sein würde, wieder mehr zu tun habe und der Tag ausgefüllt sein würde. Während des Tages war sie oft allein. Sie führte zwar viele Telefone und bekam ab und zu Besuche von italienischen Frauen, die der Bewegung der Zeugen Jehovas angehörten, doch sie fühlte sich einsam. Jene Frauen brachten dennoch Freude in ihr Leben. Sie nahmen sich Zeit für sie und sprachen mit ihr. Sie vermittelten ihr auch ein spezielles Gefühl von Wert, was sie aufleben liess. Natürlich hinterliessen sie ihr auch einen Haufen Literatur, die sie sorgfältig durchlas und auch versteckte. Die Zeugen Jehovas gelten heute noch als schlimme Sekte und auch Angela wollte nicht, dass ihr Mann etwas davon erfuhr. Sie fand jedoch, dass die Schriften sie trösteten und sie hatte etwas zum Lesen und Gesprächsstoff für den nächsten Besuch ihrer Freundinnen. Angela war neugierig und wollte alles wissen. Wann konnte man denn mit dem Ende dieser Welt rechnen? Würde Gott wirklich alle Sünden vergeben?

Wie sollte man sich verhalten, wenn ein Krieg ausbrach? Musste man da wirklich ein Vorrat anlegen? Diese Frauen wussten immer eine Antwort und nahmen sie wie sie war. Mit ihnen konnte sie auch am besten Geschäfte machen. Sie hatten immer wieder etwas, was zum Umändern oder ganz neu zum Nähen war. Sie waren ehrlich und bezahlten immer! Wenn eine verheiratet war und kein Geld hatte, um sie zu besuchen, sagte ihr Angela, dass sie ruhig kommen könne. Sie bezahlte ihr dann die Zugspesen. Viele wohnten nämlich knapp von Zürich entfernt und mussten sie mit den öffentlichen Transportmitteln besuchen kommen. Das ist in der Schweiz nicht immer billig. Hat man nicht gerade ein Monatsticket, dann kann ein solcher Spass durchaus teuer zu stehen kommen. Die Zeugen Jehovas wussten alles über ihre Familienverhältnisse und gaben ihr gute Ratschläge. Sie waren für sie eine echte Stütze und ein Trost.

Seit Angela aber erfahren hatte, dass der Sohn mit der anderen Familie irgendetwas zu tun hatte, war sie nervös und beschloss, ihn auch darauf anzusprechen:

„Du Maurizio, pass auf, wenn du dich zu viel und zu oft mit diesen Leuten triffst. Plötzlich möchten sie dich für ihre Tochter einfangen. Das sind Sizilianer. Solche Leute kannst du nicht einfach so besuchen wie andere Leute. Du kannst nicht einfach unverbindlich zu einem Kaffee hinübergehen. Pass auf mein Sohn und lass dich nicht lumpen! Tosca ist zwar ein nettes Mädchen, doch die passt weder vorne noch hinten zu dir. Das musst du einfach wissen."

„Du machst dir wie immer zu viele Gedanken, Mutter. Ich bin erwachsen und weiss schon, was ich machen und lassen muss." Maurizio sah die Sache gelassen und da sie so heftig reagiert hatte, beschloss er noch nichts zu sagen.

Angela sprach auch mit den Töchtern. Die hatten aber die ganze Geschichte gar nicht so mitbekommen, weil sie nicht viel Kontakt zum sonderbaren Bruder pflegten. Die eine meinte jedoch gelassen, es werde Zeit, dass sich der Bruder umschaue und eine feste Verbindung mit einer Frau eingehe. Er könne schliesslich nicht alle Nachmittage vor der Glotze sitzen. Die andere reagierte ganz anderes und sagte, dass Tosca eine Schlampe sei und doch alles täte, um nur heiraten zu können. Das würde ihr sicher passen, wenn sie eine gute Partie machen würde.

Hauptsache sei für sie nur, geheiratet zu werden, weil das einfach italienisch war. Reden war etwas. Die drei sprachen viel und oft darüber, doch die Töchter vermochten Angela nicht zu beruhigen. Sie kannte diese Leute gut und wusste, dass sie unehrlich waren. Solange es nur darum ging, ihnen

Stoffe und andere Sachen zu verkaufen, war das eine Sache. Nun aber, wo es einem plötzlich persönlich betraf, sah alles ganz anders aus. Sie fühlte nur noch Abschaum für ihre Freundin, die sich durch die Hintertüre an ihrem Sohne rangemachte hatte. Tosca war entlobt und kein Italiener, der etwas auf sich hielt, sie heiraten. Sie hatte nämlich Flecken. In italienischen Kreisen war es wichtig, dass die Frauen blutjung heirateten und dass sie noch Jungfrau waren. Die Italiener gaben viel auf die Ehre und die Frauen mussten sich zumindest für die Hochzeit reinhalten. Wer konnte jedoch wissen, dass Tosca noch unberührt war? Und nun liessen ihre Eltern nicht einmal ein Jahr verstreichen und schon machten sich an ihrem Sohne ran. Das fand sie unfair! Unehrlich, verlogen, ohne jedes Schamgefühl.

Maurizio bekam nichts von den Ängsten und Gefühlen der Mutter mit. Er sah auch nichts Schlechtes dabei, wenn er einmal in die Westschweiz reisen würde. Schon monatelang war er zu Hause geblieben. Nun wollte er auch mal was unternehmen. Sie fuhren schon in der Frühe los und hatten dort tatsächlich schöne Stunden. Bei den Italienern ist es immer eine grosse Freude, wenn sich Verwandte wieder sehen und sie so eine gemeinsame Zeit verbringen können. Man wurde wieder an die alten Tage erinnert und konnte es gar nicht abwarten, bis man sich zum gemeinsamen Urlaub treffen würde.

Für Angela sah der Tag nicht so gut aus. Wie immer putzte sie am Samstag morgen. Die Töchter halfen mit halbem Herzen mit und der Mann ging einkaufen. Da ja Männer so ungeschickt sind und in Lebensmittelläden, die ganz feinen und speziellen Köstlichkeiten einfach nicht finden können, schickte sie die älteste Tochter los. Sie brauchte eine bestimmte Schokolade, Schlagrahm und Gewürze für den Sonntagsbraten. Ausserdem benötigte sie noch Strümpfe und Dinge, die sich nur Frauen kauften. Sie bereitete etwas zum Mittagessen vor und legte sich dann wie gewöhnlich mit ihrem Mann schlafen. Das tat sie immer am Samstag und am Sonntag. Ruhe zu haben, war für sie wichtig. Danach konnte man nämlich mit ihr sprechen. Sonst war sie zwar auch nicht unfreundlich, doch es war ihr, als würde ihr etwas fehlen. Sie schlief dabei nicht immer ein. Oft dauerte das Nickerchen nur eine halbe Stunde. Sie überlegte immer viel. Sie dachte über ihre Ehe nach, über ihren Mann, der ständig unterwegs war und viel zu gerne Karten spielte. Sie fand, es sei unehrlich, anderen Familienvätern das Geld so aus der Tasche zu stehlen, denn ihr Mann gewann oft und viel beim Spiel. Auch dauerten die Spiele stets weit über Mitternacht. Blieb er nicht mehr gerne zu Hause? War er wirklich beim Spielen? Wenn sie ihn manchmal darauf ansprach, wurde er sehr böse und schrie sie sogar an. Hatte er nicht irgendwo ein Flittchen? Sie dachte an Italien. Das gemeinsame Haus war schön, sogar sehr schön geworden, doch es fehlte noch Manches, eher Kleinigkeiten, aber auch diese kosteten Geld. Woher nehmen und nicht stehlen? Gott sei Dank wohnten die Kinder noch im Hause. Alle arbeiteten und gaben Geld ab. Das war für sie eine sehr grosse Hilfe. Man konnte das Geld in wirklich schönen Sachen investieren und sich nur das Beste leisten. Sie dachte aber auch an ihren Sohn. Wo war er gerade jetzt? Was machte er? Gefiel es ihm? Wie war denn die Gegend in der Westschweiz? Sie war noch nie dort gewesen. Sie kannte nur Zürich, das heisst die paar Läden, wo sie einzukaufen pflegte, wenn sie ihr Mann ausnahmsweise mal mitnahm und sonst eben nur Italien. Sie hatte allerdings Bilderbücher studiert und konnte sich schon vorstellen, dass die Gegend um den Genfersee sehr lieblich und reizvoll sein würde. Dort waren die Leute ausserdem viel freundlicher. Sie sprachen nicht nur französisch. Sie waren französisch angehaucht, sozusagen. Und die Franzosen hatten viel mit den Italienern gemeinsam. Schon die Sprache war ja ähnlich. Angela wusste vieles. Sie war eine gebildete Frau. Sie hatte damals eine Bürolehre gemacht und dass hiess einiges. Ausserdem sprach sie vier Sprachen beinahe perfekt. Leider hatte sie aber nicht einen Mann geheiratet, der ihre Interessen teilte und sie förderte. Deshalb waren viele Kenntnisse einfach verkümmert. Nicht umsonst hatten die Kinder studiert. Sie alle hatten die Intelligenz von ihr. Wenigstens etwas! Nun war ihr Sohn also in Aigle! Wann würde er nach Hause kommen? Sie nahm sich fest vor, Klartext mit ihm zu sprechen. Sonst würde sie alles verlieren. Nicht auszudenken, wenn sie eine solche Schwiegertochter bekommen würde. Wie schrecklich! Wie entsetzlich! Wie abscheulich! Am Abend hatte sie nichts vor. Der Ehemann ging jassen. Dieser Vollidiot! Die Töchter blieben zu Hause. Wenigstens sie! Angela wollte Kreuzworträtsel lösen, die Nachrichten schauen und vor allem auf den Sohn warten. Sie war jedoch nicht bei der Sache und konnte sich auf nichts konzentrieren. Sie stand immer wieder auf, lief in die Küche und stopfte Essen in sich hinein. Das Essen füllte wenigstens und machte träge, dann war sie weniger aufgeregt. Dann telefonierte sie herum. Sie fragte ihre besten Freundinnen nach dem werten Befinden und nahm sich immer wieder vor, nichts über ihren Sohn zu sagen. Doch man kam unweigerlich auf das Thema zu sprechen, und sie konnte sich wieder ihre Qual von der Seele reden.

Der Abend dehnte sich hinaus, aber da war weit und breit nichts zu sehen. Ihr Mann würde höchstens um drei Uhr morgens zurückkehren, doch Maurizio käme wohl früher.

Sie befürchtete bereits, dass man ihn dort verlobt hätte. Ihr Herz schlug viel zu schnell. Sie bekam Schweissausbrüche, ging ins Bad und dann wieder in die Küche. Sie machte sich starken Kamillentee, was zusätzlich beruhigen sollte. An Schlaf war ohnehin nicht zu denken. Ab zwölf Uhr nachts rannte sie alle fünfzehn Minuten zum Küchenfenster und spähte, ob doch noch ihr Sohn schon da wäre und sein Auto draussen parkte. Sie wurde immer nervöser. Einmal kam auch eine Tochter in die Küche, denn sie hatte Durst.

„Du ich sag's dir. Die wollen deinen Bruder fangen, diese Schweine. Ich krieg noch einen Ohnmachtsanfall."

„Weisst du was? Geh ins Bett und reg dich nicht auf. Du kannst ja doch nichts daran ändern. Wenn er kommt, musst du ihn eben klar fragen und nicht immer nur um den heissen Brei reden, nur weil du eine Schwäche für ihn hast."

„Ich werde ihm schon die Leviten lesen, darauf kannst du dich verlassen."

„Und achte ja darauf, dass er dich nicht am Fenster erwischt. Das wäre nicht gerade gut. Er könnte dir sagen, dass er alt genug ist. Und Mutter, ich bitte dich, leg dich hin. Du erkältest dich im Durchzug. Denk nicht zu viel nach, dass nützt nichts. Und ob du dir Sorgen machst oder nicht, wir Menschen haben nun einfach nicht die Macht, gewisse Dinge zu ändern. Also mach mir bitte diesen Gefallen. Wenigstens mir zu Liebe."

Die Tochter meinte es gut mit ihr. Sie machte sich auch Sorgen um die nicht ganz junge Mutter. Doch auch eine Stunde später erwischte sie Angela vor dem Küchenfenster.

„Du, ich kann deswegen auch nicht schlafen. Du bringst dich um die ganze Nachtruhe. Weisst du was? Ich mache dir Gesellschaft und wir trinken zusammen eine Tasse Lindenblütentee, das wirkt beruhigend."

Angela war froh über den Entschluss der Tochter. Sie nahm ihr doch etwas ab und sie konnte sich aussprechen. Die Tochter hatte erhebliche Zweifel daran, dass Maurizio wirklich aus Verlobter zurückkommen würde. Und wenn schon, er war gerade im richtigen Alter. Wieso sollte denn nicht einmal heiraten? Sie konnte sich nicht vorstellen, weshalb die Mutter sich so sehr dagegen wehrte. Angela jedenfalls befolgte den Rat der Tochter und ging zu Bett. Sie hörte genau, wann Maurizio heimkam. Sie riss sich zusammen und schoss nicht aus dem Schlafzimmer, um ihn alles zu sagen, wie sie sich das vorgenommen hatte. Er war in ganz anderer Stimmung und konnte gar nicht nachfühlen, wie es der Mutter ging. Es würde also nicht viel bringen, wenn sie ihm gerade jetzt

Vorenthaltungen machen würde. Die richtige Zeit würde kommen, und zwar bald kommen!

Am nächsten Morgen bereitete sie ihm den Kaffee und sie sassen gemeinsam in der Küche. Sie fing wieder vom gleichen an und da wurde Maurizio deutlicher: „Einmal muss ich heiraten, Mutter. Soll ich denn so lange warten, bis ich vierzig werde."

„Ja, weisst du denn nicht, dass die Tosca schon einmal verlobt war und sozusagen schon verbraucht ist?"

„Was soll's! Beim ersten Mal hat es für sie nicht geklappt. Ich aber schleppe sie zum Standesamt. Darauf kannst du dich verlassen"

„Ist das schon fix?"

„Ja, wir haben das eigentlich schon so vereinbart und möchten uns verloben."

„Werde ich da als Mutter nicht gefragt? Ich meine, das hättest mir ja sagen können, dass du die Tosca nett findest, dass du im Sinn hast, dich zu verloben und was weiss ich? Du stellst mich einfach vor vollendeten Tatsachen. Peng, da hast du's! Findest du das deiner Mutter gegenüber in Ordnung?"

„Mutter, niemand wollte dich umgehen. Die Eltern der Tosca werden einen Besuchstermin mit dir vereinbaren. Es ist ja wichtig, dass ihr euch kennenlernt."

„Einen Besuchstermin vereinbaren! Das tönt ja so, als sei ich dir gegenüber eine Fremde. Ich frage dich Maurizio, findest du es passend, ein solches Mädchen zu heiraten? Sie kann dir nichts bieten. Worüber möchtet ihr denn sprechen? Das Gleiche gilt für die Familie. Sie ist nicht der richtige Umgang für dich. Jetzt reist du für das Geschäft in der Weltgeschichte herum. Aber was wird später? Du musst alles aufgeben und aus deiner Karriere wird auch nichts. Wenn du mal geschäftlich eingeladen wirst, kann die Tosca nicht einmal ihren Mund auftun. Hast du darüber auch schon mal gedacht? Man heiratet nämlich nicht nur, um eine Familie zu gründen und Kinder zu kriegen!"

„Das sind alles Details, Mutter! Glaub mir, ich weiss schon, wie ich meine Interessen wahren kann. Wenn ich einmal verheiratet bin, hat mir ihre Familie gar nicht ins Werk zu pfuschen. Ich bestimme dann alleine. Der Vorteil meiner Wahl ist, dass die Tosca ein einfaches Mädchen ist. Sie ist anspruchslos und nicht wie eine dumme Schweizer Gans, die ständig nur Ansprüche haben. Weisst du noch die Ines? Die wollte aus mir eine ganze andere Person machen. Diese blöde Kuh. Ich rege mich heute noch auf, wenn ich nur schon an sie denke. Und Mutter, die Tosca ist in ihrer Art hübsch, die Ines war eine Schönheit und protzte mit Eleganz. Das ist aber auch nicht alles."

„Mein Sohn, es geht mir doch alles viel zu schnell. Die sollen doch kommen und mit uns mal reden.“

Als Maurizio immer noch ihren Widerstand bemerkte, stand er auf. Er war nicht wütend, aber in seiner fiesen Art beleidigte er die Mutter: „Ich sag dir eins Mutter. Stell dich nicht in die Quere. Du musst nur so tun, bis ich verheiratet bin, dann kannst du meinetwegen verrecken.“

Daraufhin lief er hinaus. Jetzt war Angela beleidigt und grosse, runde Tränen kullerten herunter. Sie war nicht fähig, irgendeinen Gedanken zu fassen. Ihr Herz pochte. Sie war die Mutter. Man hatte nur eine Mutter im Leben und er hatte ihr soeben den Tod gewünscht. Die Töchter hatten eben doch nicht ganz Unrecht. Er war ein komischer Kauz. Jetzt war er aber im Begriff, den schwersten Fehler seines Lebens zu machen. Sie ging ans Telefon und beschloss kurzerhand Toscas Mutter anzurufen.

„Ich bin etwas von dir enttäuscht. Immer gingst du bei mir ein und aus. Du hättest mich schon vorher informieren können. Man stellt eine alte Bekannte nicht einfach vor vollendeten Tatsachen. Ich kann mich wirklich nicht erholen. Soeben hat mir mein eigener Sohn gesagt, ich solle nur die Hochzeit abwarten und ich könne dann verrecken. Das hat er bestimmt nicht bei mir gelernt. Dies ist wohl von euch Sizilianer.“

„Moment mal, wenn sich die Kinder verloben wollen, können sie das ja tun, findest du nicht? Ich möchte mich da auch nicht einmischen."

„Halt mal, es ist ja alles recht und gut. Findest du es aber nicht komisch, dass ihr schon alles wisst? Offenbar ist alles geregelt und ich erfahre es durch die Hintertüre. Ist ja gut, dass ich meinen Sohn gefragt habe, sonst hätte ich es womöglich durch die Zeitung erfahren müssen. Du hast es wohl wirklich sehr eilig, deine Tochter loszuwerden. In Sizilien hast du wohl für sie keine Verwendung mehr, was?"

„Angela, wir werden dich besuchen und alles regeln. Es tut mir ja leid, dass es so gekommen ist. Du wirst sehen, meine Tochter ist ein sehr liebes Mädchen. Sie wird eines Tages alles für dich tun."

Angela sah nun ein, dass die Hochzeit beschlossene Sache war. Sie konnte nichts mehr dagegen tun. Ihr blieb nichts anderes übrig und musste nun die ganze Prozedur dieser Angelegenheit über sich ergehen lassen. Zunächst musste sie ihren Mann informieren und den besagten Besuch abwarten. Als sie diese Neuigkeit ihren Töchtern mitteilte, nahmen diese es als einen schlechten Witz auf. Sie musste aber erklären, dass es todernst war. Was Maurizio betraf, würde sie nie Witze machen. Und in Sizilien mache man darüber gar nie

Witze. Dort wurde nur geheiratet, wenn es die Familie einmal so beschlossen hatte. Die eine Tochter, die gar nicht gut auf den Bruder zu sprechen war, meinte, dass würde ihm ja recht geschehen. Bisher sei ihm nämlich alles in die Wiege gelegt worden. Nun würde er aber schon sehen, dass nicht alles selbstverständlich sei. Unter den Sizilianern müsse er wohl parieren. Der Ehemann hingegen nahm es gelassen hin. Na ja, es war ja Zeit, dass jemand aus der Familie heirate. Er habe schliesslich auch früh geheiratet und was für ihn gut war, war für den Sohn nur recht und billig.

Beim Besuch von Toscas Eltern war das Mädchen natürlich auch dabei. Sie brachte der zukünftigen Schwiegermutter einen bunten Blumenstrauss und schämte sich ein wenig. Es war ja nicht lange seither, dass sie einmal hier gewesen war. Nun erschien sie wieder und grüsste erneut als Braut, diesmal als Braut ihres Sohnes. Auch die Eltern schienen verlegen. Jeder wusste, weshalb. Maurizio war auch anwesend und nahm neben Tosca Platz. Er sah etwas schüchtern aus und flüsterte mit ihr. Diese Haltung passte gar nicht zu ihm. Scheinbar hatte er sich angepasst, denn Tosca konnte nicht sprechen. Sie flüsterte nur. Angela fand das dämlich. Sie hatten ihren Sohn zu einem Waschlappen gemacht, doch was konnte sie schon tun.

Umberto sagte, dass er sich freue, einen solch guten Schwiegersohn zu bekommen. Er hiess auch die ganze Familie bei ihm willkommen. Sie seien im Begriff zu einer starken Einheit zusammenzuschmelzen. Sie würden schon sehen, was dass heisse. Wenn sie mal Hilfe benötigten, könne man immer auf sie zählen, Tag und Nacht! Zwar sei er zunächst enttäuscht gewesen, dass Maurizio ebenfalls aus Lecce stamme wie der andere Nichtsnutz, doch man könne nicht alle in einem Topf werfen, denn kein Finger an einer Hand gleiche dem anderen. Er wollte genau wissen, was der Bräutigam in die Ehe brachte, was er erben würde, wann er das Haus in Lecce beziehen konnte und was an Bargeld da war. Angelas Ehemann sagte, dass das Haus primär ihnen gehöre. Sie haben es zwar dem Sohne aus steuerrechtlichen Gründen schon überschrieben, aber sie, die Eltern, hätten lebenslänglich Wohnrecht. Es käme natürlich nicht in Frage, dass andere dort einziehen und tun könnten, was sie wollten. Die Töchter seien dort immer willkommen und man könne ihnen das Haus natürlich nie verbieten. Umberto wollte auch wissen, ob die beiden Töchter das Geld zu Hause abgaben und wieviel er davon für Tosca beanspruchen könne. Da wurde es Angela fast zu viel. Sie sagte, dass die Töchter schon Geld abgeben mussten wie Maurizio auch. Das Geld wurde jedoch als ein Teil der Miete angesehen und auch für das Essen berechnet, weil sie lernen sollten, wie teuer das Leben in Zürich sei. Die Höhe des Geldes war ein kleiner Teil im Vergleich zu den Ausgaben in einer Stadt wie Zürich. Wenn sie selber eine Wohnung hätten und alles bezahlen mussten, was so anfällt, sie denke da vor allem an wiederkehrende Rechnungen wie Miete, Stromabrechnung, Telefon, Fernsehen, dann müssten sie wohl mit dem dreifachen Betrag rechnen. Die Töchter mussten jedoch den Lohn nicht abgeben. Wo dachte er denn hin? Mit dem Rest des Geldes konnten sie machen, was sie wollten. Sie war glücklich, dass die beiden Mädchen nicht überrissen lebten und fleissig sparten. Das war wichtig, dann hätten sie nämlich was in der Not. Sie, Angela, sei keine Sklavenhalterin und stehle nicht dem eigenen Blute Geld. Und was hatte das Geld der Töchter mit dem Sohne und seiner Hochzeit zu tun? Nein, dieser müsse schon selber für sich schauen. Er verdiente schliesslich nicht wenig Geld. Und sie müsse zugeben, dass sie immer den Sohn bevorzugt habe. Er hatte bis anhin nur dreihundert Franken abgeben müssen und die Töchter achthundert Franken. Er hatte deshalb leichter und viel mehr sparen können als die Töchter. Das war auch was! Und die Tosca arbeite ja auch. Sie hatte sicher Geld gespart. Die beiden würden gut dastehen. Es war nicht wie früher, wo die Eltern alles ausrichten mussten, weil die Kinder wirklich nichts oder fast gar nichts hatten. Kurz für sie war das Thema abgeschlossen.

Umberto gab nicht nach und wollte wissen, was an Schmuck vorhanden war. Da gab es nicht viel. Die paar Goldstücke und Diamanten waren aber auch für die Töchter bestimmt.

Angela ärgerte sich masslos über das Gespräch. Später erzählte sie den Töchtern, wie die Sizilianer handelten und dass sie am liebsten schon alles jetzt gehabt hätten. Wer war den diese Tosca? Etwa eine Madonna! Nein, sie war gar nichts Spezielles, diese dämliche Gans. Nicht einmal schön war, wenn man genau hinschaute. Sie hatte die harten Züge ihres Vaters und mit ihren dunklen Haaren sah sie aus wie eine Türkin. Je älter sie wurde, je hässlicher würde sie werden. Nun war sie plötzlich in ihre Familie eingebrochen und stiftete sogar Unheil an! Sie brachte gar nichts mit in die Ehe, hatte keine Ausbildung, keine vorzüglichen Manieren und war keine Vorzeigedame! Was bildete sie sich eigentlich ein! Lebten wir denn im letzten Jahrhundert. Man war doch in Zürich, schon seit über fünfundzwanzig Jahren und man sah Italien nur noch während den Sommerferien. Angela war sicher, dass man sogar in Italien fortschrittlicher denken würde. Nein, mit dieser Familie und diesem Biest würde sie nicht warm werden.

Sie fasste sich Mut und dann sagte sie allen: „So, jetzt ist genug. Es wird verhandelt, wie bei einem Staatsgeschäft. Ich mag nicht mehr über Geld und andere Dinge sprechen. Ich habe meinen Sohn eine sehr gute Ausbildung ermöglicht und habe dafür Opfer gebracht, viele Opfer, grosse Opfer. Ich habe oft nur Erbsen gegessen, damit das Geld reichte. Er verdient wie bereits gesagt mehr als genug. Ihr habt einen guten Kauf mit ihm gemacht. Er ist schon die bessere Partie als der Salvatore, dass wisst ihr genau! Aber was ist denn mit Tosca, darüber könnt ihr selber nachdenken. Ihr platzt einfach herein und möchtet eine Hochzeit. Ich frage dich Tosca, kennst du denn überhaupt meinen Sohn? Nein, du kennst ihn nicht. Und willst ihn einfach heiraten, was! Eine Ehe hat aber nicht nur die Sonntagsseite. Man geht nicht nur spazieren, ins Kino und Kaffee trinken. Man hat einen Menschen immer um sich. Man sieht ihn, wenn er gut angekleidet und wenn er schmutzig ist. Du musst immer um ihn sein, wenn er gut riecht und wenn er riecht, und nicht nur, wenn es dir gerade passt. Du wirst neben ihn am Morgen erwachen und seinen morgendlichen Mundgeruch spüren, weil er dann noch nichts gegessen hat. Wenn du ihm das vorenthalten wirst und er dir das auch, dann gibt es schon die ersten Auseinandersetzungen. Eine Ehe, meine Liebe, ist schon kein Kinderspiel. Haben dir das deine Eltern schon gesagt. Sie haben wohl nur über das Geld gesprochen. Ich sag dir eins, du wirst noch auf die Welt kommen. Und ich frage dich nochmals. Kennst du den Maurizio denn? Ich kann dir sagen. Er ist richtig schwierig, er kann berechnend sein und er kann wütend werden. Jetzt ist er zwar mit dir zuckersüss, aber auch er wird mal losschreien. Ich finde es schon eine Zumutung, in was du dich da einlassen willst, nur weil dich deine Eltern dazu zwingen und das Ganze mit sizilianischer Tradition zu tun hat."

Maurizio lächelte nur fies bei ihren Worten. Das Mädchen sah richtig verunsichert aus und wurde rot. Sie sagte schüchtern, dass diese Ehe schon gut werden würde und sie sich Mühe geben würde eine gute Frau zu sein. Sie sei dazu erzogen worden zu schweigen und zu dienen. Nadja schaute ihre Freundin an. Von nun an waren sie Feindinnen. Mit diesen Worten hatte nun Angela selbst ihre Freundschaft weggeworfen. So konnte man mit Nadja nicht reden. Sie würde zwar schon nett zu ihr sein, doch in Wahrheit hasste sie sie nun abgrundtief. Sie würde schon sorgen, dass sie zum Schweigen gebracht würde und sie wollte auch etwas unternehmen, damit diese Ehe zu Stande kam, koste, was es wolle. Umberto gab nicht so viel auf Angelas Geschwätz. Sie war nur eine Frau und Frauen hatten ohnehin nichts zu sagen. Man wollte ein weiteres Treffen vereinbaren und nun sollte sich Angela mit ihrem Mann zu ihnen begeben. Die Details der

Verlobung sollten diskutiert werden und man wollte nicht nur an einem Tisch sitzen und etwas trinken. Es sollte alles gemütlicher werden. Wenn man Gästen ein gutes Essen servierte, dann konnten sie nicht einfach losstreiten und Nadja wollte ihnen Pasta al forno machen und einen guten Tropfen Wein einschenken. Angela würde schon sehen. Sie würde alles verstehen und sich wohl fühlen, das versicherte ihr Nadja.

Toscas Mutter wusste bereits, was sie am nächsten Tag machen musste. Sie suchte an der Langstrasse die Signora Aurelio auf. Die beiden Frauen grüssten sich flüchtig. Die Aurelio war in einem langen schwarzen Gewand und überall brannten Kerzen. Um ihren Hals trug sie den fünfzackigen Stern.

„Signora Aurelio, sie verstehen sicher meine Lage", sagte sie ihr, nachdem sie schon fast die ganze Geschichte erzählt hatte, „wir können uns eine neue Entlobung meiner Tochter wirklich nicht mehr leisten. Wir wären ruiniert. Und die beiden passen wirklich gut zusammen, nur eben, sie müssen sich schon besser kennenlernen. Das verstehen sie doch auch! Doch wenn die Mutter so reinschiesst, befürchte ich einfach das Schlimmste. Können sie uns denn nicht helfen?"

Signora Aurelio schaute ihr lange und intensiv in die Augen. Nadja fühlte ihr Herz und sie bekam Angst. Dabei dachte sie: „Sie muss ja nicht mich behandeln oder umbringen!"

„Hab keine Angst. Dir tue ich bestimmt nichts", sagte Signora Aurelio.

„Jesus Maria im Himmel, sie kann sogar Gedanken lesen. Sei still und denk gefälligst nichts."

„Bevor ich dir eine richtige Antwort geben kann, muss ich meinen Geistführer befragen. Mein Kind, ich meine es ehrlich mit dir und möchte dir nicht nur dein Geld abnehmen."

„Ich bezahle ihnen aber, was sie wollen, wenn sie mir nur helfen können!"

„Machen sie sich darüber keine Gedanken. Die Rechnung werde ich dir schon stellen und die wird auch nicht niedrig sein. Ich muss ja auch leben und reisen können."

Sie stand auf und ging ins Nebenzimmer. Mit einer feuerroten Schale kam sie zurück. Der Inhalt war ebenfalls rot und sah nach schwerer Füssigkeit aus.

„Das ist Blut, Tierblut, um es genau zu sagen das Blut einer Katze. Das Tier wurde von den Chinesen geschlachtet und Fleisch wird den unwissenden Schweizern zum Frass vorgesetzt. Mir schenken sie das Blut, ich muss es meinem fünften Geistführer opfern. Den dieser kennt die Zukunft und wird mir sagen, ob es sich überhaupt lohnt, die beiden in einem Ritual zusammenzuführen. Das Besondere ist aber, dass du als die Mutter der Braut auch Blut spenden musst. Ausserdem will der Geistführer, dass du auch dabei sein musst. Ich nehme jetzt eine kleine scharfe Klingel und mache einen ganz kleinen Schnitt. Halt die Hand über die Schlüssel. Das Zeug ist desinfiziert, mach dir keine Sorgen. Danach darfst du aber kein Pflaster drauf kleben. Du musst leiden, bis sich die Wunde von selbst schliesst. Du musst auch ein Opfer bringen und nun schweig! Du darfst den Raum nicht verlassen. Bleib hier!"

Wie ihr geheissen wurde, hielt sie die Hand über das Gefäss mit dem Katzenblut und Signora Aurelio machte einen kleinen Schnitt. Nadja schrie auf und das Blut schoss aus der Oberfläche ihrer Hand. Die Signora drehte die Hand gegen unten, damit möglichst viel Blut gewonnen werden konnte. Nadja wurde immer blasser und es war ihr, als würde sie jeden Augenblick ohnmächtig werden. Sie riss sich aber zusammen. Dann fing die Signora an, geheimnisvoll zu sprechen. Sie verstand fast nichts. Sie war aber sicher, gehört zu haben, dass sich die Signora zum mächtigen Geist der Finsternis wandte, der ausser ein paar Leuten über alle Geschöpfe Macht ausübt. Sie versprach ihm, dass die Frau gegenüber ihm die Seele schenkte und schon symbolisch das

Blut gegeben habe, wenn er sich persönlich für ihre Belange einsetzen würde. Doch nicht nur sie, auch die Tochter solle ihm in der künftigen Welt geopfert werden und sogar seine Geliebte werden. Dann verstummte alles. Die Signora liess sich auf dem Sessel fallen und im Raum wurde es ganz kühl. Es herrschten mindestens zehn bis fünfzehn Grad unter Null. Danach war es sogar eisig. Die Signora wurde krebsrot und fing an, etwas zu murmeln. Sie sprach nun wie ein Mann und hatte eine fürchterliche und tiefe Stimme: „Weib gib mir Antwort, wenn ich mit dir spreche. Ich bin Luzifer, der Fürst der Finsternis. Gibst du mir deine Seele und in der nächsten Welt auch deine Tochter, wenn ich dir Maurizio gebe?"

„Ich tue alles, was du willst."

„Dann sprich mir genau nach: hiermit gebe ich dir das Recht über mein Leben in dieser und in der nächsten Welt. Du kannst alles mit mir machen. Genauso mit meiner Tochter. Ich bin dir willig und gehorche dir in allem. Du bestimmst nun über mich und ich nehme alles Übel und alle Krankheiten in Kauf. Ich werde zwar steinalt werden, doch in der nächsten Welt werde ich mit Schmerz und Pein übergehen. Ich werde krank sein und niemand kann mir helfen. Dies soll mein Opfer an dich sein. Ich werde dir als Opfer Tag und Nacht schreien und du wirst es geniessen. Mein Mann wird in etwa vier Jahren die

Arbeitsstelle verlieren und wir werden bis zu unserem Tode nur noch von der Sozialrente leben."

Sie sprach alle Worte nach und zitterte am ganzen Körper.

Diese fürchterliche Stimme. Der Raum war nun ganz dunkel und sie sah nur die Augen der Signora, die sie wie ein gelber Strahl anschauten. Sie sprach alles nach!

„Knie nieder Weib und trink die Schale aus."

Nein, dass wollte sie sicher nicht tun. Doch sie musste, denn sonst gewann Angela das Spiel. Sie trank diesen üblen Saft, aber es wurde ihr nicht schlecht dabei. Sie fühlte sich plötzlich stark und sie wollte einfach nicht daran denken, was sich in der Schale befand!

Dann stand sie da im Dunkeln. Sie fühlte einen Schlag und fiel auf den Rücken. Dort blieb sie liegen. Dann spürte sie Schläge auf ihren ganzen Körper. Wer schlug sie denn? Die Signora sass nämlich immer noch in ihrem Sessel und sah aus wie eine Tote. Sie glaubte jedoch einen Schatten wahrzunehmen und ihr fröstelte es. Nachdem der Spuk vorbei war, befahl ihr Signora Aurelio aufzustehen. Ihr ganzer Körper schmerzte vor Pein und sie hatte nirgends blaue Flecken, nur die kleine Schnittwunde war noch zu sehen!

„Meine liebe Freundin. Ich kann ihnen versichern, dass es klappen wird. Befolgen sie jedoch meine Anweisungen jetzt genau. Ich nehme alles auf Kassette auf, damit sie nichts aufzuschreiben haben. Sagen sie ihrer Familie nichts vom Ritual. Wenn ihre Tochter das nächste Mal die Menstruation bekommt, sollen sie das Blut sammeln und verwenden. Legen sie es in ein verschlossenes Gefäss. Dazu reicht ein Glas Konfitüren. Mischen sie der Konfitüre tote Schnecken bei, die sie zuvor zu einem Brei zerquetschen. Jedes Mal, wenn ihr zukünftiger Schwiegersohn vorbeikommt, machen sie ihm vor dem Essen einen richtigen italienischen Kaffee und mischen dem Kaffee zwei Tropfen dieser Flüssigkeit. Das machen sie während sieben Tagen und sagen „ich gebe dir meine Tochter, du bist ihr Herr und du beherrscht ihn zu unserem Zweck der Hochzeit". Ich kann ihnen sagen, der wird lahm wie eine Ente. Die Mutter müssen sie auch unter Kontrolle bringen. Hier haben sie die Puppe. Die Puppe heisst nun Angela. Wir werden sie nun zerstückeln und sie werden dabei die Sprüche aufsagen."

Genau das taten sie. Zuerst wurden der Puppe Angela die Arme entfernt, dann die Beine, der Kopf und das Torso. Nadja musste grässliche Dinge aufsagen und erhielt die Anweisung, die verschiedenen Teile einzeln in den Briefkasten zu legen. Sie musste dabei mit einem Arm beginnen, dann drei Tage später musste sie den zweiten Arm der Puppe in den Briefkasten. Daraufhin folgte der Kopf, die Beine und am

Schluss der Körper. Sie hatte Anweisung, den Körper mit bestimmtem Fleisch zu füllen. Dann musste sie diesen besprechen und mit Nadeln durchstechen. Sie musste dann den Körper ganz tief im Garten vergraben. Niemand würde den Körper finden und die Meinung war, dass Angelas Körper so lange leiden würde, bis sie endlich starb.

Und Angela würde mit Sicherheit nicht mehr lange leben und ihren Frieden zerstören. Sterben! Dieses Mal würde sie sogar einen Mord in Kauf nehmen, aber die Hochzeit müsste durchgeführt werden, um jeden Preis.

„Gehen sie jetzt nach Hause und machen sie, was ich ihnen gesagt habe. Bisher hat es immer geklappt, wenn ich ihnen geholfen habe. Es wird auch dieses Mal klappen. Und noch eins, jubeln sie diesem Maurizio ein Bild ihrer Tochter und dieses kleine Ding irgendwo in seinem Auto, dann wird er ganz heiss nach ihr. Und jetzt geben sie mir den Vorschuss. Für diesen Dienst bezahlen sie mir vorerst fünftausend Franken. Wenn die Hochzeit stattgefunden hat, werden sie mit den Rest geben, dass sind für sie zehntausend Franken. Weil sie immer zu mir kommen, mache ich ihnen einen Freundschaftspreis."

„Signora Aurelio, ich kann ihnen nur gerade fünfhundert Franken geben. Ich laufe aber sofort zur Bank hole das restliche Geld und bringe es ihrer Gehilfin."

„Das ist schon gut. Und zum Schluss noch was. Wenn sich für die nächsten drei Wochen Luzifer bei ihnen in der Nacht meldet, erschrecken sie nicht. Er will sie nur sehen und wird sie vielleicht wieder schlagen. Das ist eben ihr Opfer für ihn. Er hat Freude Leute zu schlagen, sie werden aber am Morgen keinerlei Anzeichen am Körper haben."

„Will denn der Engel dieses Opfer, Frau Aurelio? Vorher hat es doch sehr wehgetan. Ich würde ihm aber sonst etwas anderes geben. Geht das nicht? Müssen es denn Schläge sein?"

„Nein, das geht nicht. Luzifer ist ein besonderer Engel und er muss dieses Opfer haben. Aber wie gesagt, denken sie dann nicht zu viel, sonst bekommen sie einen Knacks. Vergessen sie nicht, wir Menschen sind stark und wir haben die Oberhand über alle Dinge. Gehen sie endlich, sagte sie zum Schluss etwa schroff.

Nadja holte zuerst das Geld und gab es sofort ab. Fünftausend Franken waren eine Menge! Ihr tat es leid, es einfach so aus dem Fenster zu werfen. Was heisst hier aber aus dem Fenster werfen? Sie tat es für ihre Tochter, für die

Ehre der Familie. Mit dem Geld hätte sie aber gut Möbel und schöne Vorhänge für Italien kaufen können. Und nach der Hochzeit musste sie noch mehr hinblättern. Mit den Kosten der Hochzeit würde der ganze Spass gegen fünfzehntausend Franken ausmachen. Es war fast Wahnsinn. Nun hatte sie diesen Weg eingeschlagen. Sie musste ihn weitergehen.

Sie hielt sich genau an die Anweisungen der Signora. Zunächst galt es das Menstruationsblut der Tochter zu sammeln. Sie gab ihr einfach an, sie brauche es, um damit die Pflanzen zu düngen. Kurz darauf wurde Maurizio behandelt. Tatsächlich schien es ihr, als würde dies etwas nützen. Seit dem ersten Kaffee kam er nun jeden Abend auf Besuch. Sie freute sich über diesen Erfolg. Zunächst sassen die zwei jungen Leute stundenlang in seinem Auto und besprachen persönliche Dinge, dann kamen sie in die elterliche Wohnung, wo er den Kaffee bekam.

Die Puppenteile legte sie ebenfalls in den Briefkasten. Diese Prozedur dauerte mehrere Wochen. Angela dachte sich zunächst nicht viel dabei. In ihrem Mietshaus wohnten viele Kinder und die spielen halt. Sie merkte aber, dass ihr Sohn etwas komisch wurde und während dieser Zeit kamen einige anonyme Telefone. Das war die Signora. Sie musste die Stimme Angelas hören, um dann ihre Sprüche aufzusagen.

Nadja freute sich jedes Mal, wenn sie Fortschritte sah. In den ersten Tagen danach wurde sie auch nie vom Fürsten der Finsternis geschlagen, allerdings meinte sie, Stimmen zu hören. Jemand klopfte stundenlang am Fenster. Sie hörte das Klopfen, ihr Mann nicht. Auch vernahm sie, wie jemand in der Küche hantierte und Arbeiten verrichtete. Als sie aufstand, um nachzuschauen, war aber niemand da. Schritte waren ebenfalls in der Wohnung zu hören. Zunächst gab sie auf diesen Lärm nicht allzu viel. Mit der Zeit bekam sie aber Angst. Die Signora hatte ihr jedoch gesagt, dass sie sich bloss nichts einbilden müsse. Luzifer würde eben gerne die Leute erschrecken, weil ihr Schreck für ihn ein Opfer war. Nadja schlief immer schlecht und wenn sie einmal einnickte, wurde sie von den schlimmsten Alpträumen geplagt. Sie sah, die Leichenteile ihres Grossvaters, wie sie zunächst wahllos herumlagen und dann in ihrem Briefkasten landeten. Dann stand im Traum der Grossvater, das heisst nur sein halber Körper an ihrem Bett und er sprach mit ihr. Er hatte Hunger und forderte sie deshalb auf, aufzustehen und für ihn zu kochen. Die Erscheinung war so echt, dass sie nicht unterscheiden konnte, ob sie träumte oder ob alles Wirklichkeit war.

„Verschwinde du verfaultes Ungeheuer", sagte sie ihm.

„Ich bin dein Grossvater! Erkennst du mich denn nicht mehr, Nadja? Wieso schreist du mich an? Ich habe oft mir dir gespielt und du warst immer ein liebes Mädchen, damals in Sizilien!"

„Ich weiss nicht, wer du bist, aber wenn du wirklich mein Grossvater bist, dann bist du tot! Was machst du hier?"

„Ja, ich bin tot, doch auch wir können stundenweise zurückkehren, wenn er uns dies erlaubt und nun habe ich Hunger. Steh auf, mach mir Pasta!"

„Wieso siehst du so grauenhaft aus? Ich kann deinen Anblick nicht ertragen!"

„Willst du mich beleidigen? Du bist nicht so folgsam wie früher. Du weisst doch, dass du zu folgen hast. Steh auf, sonst schlage ich dich!"

Als der Grossvater seinen halbverfaulten, leuchtenden Arm hob, um loszuschlagen, schrie sie mit lauter Kehle auf: „Umberto, schütze mich! Hilfe, Hilfe, er will mich schlagen!"

Umberto wachte sofort auf und machte das Licht an. Auch Tosca kam ins elterliche Schlafzimmer gerannt.

„Geh wieder ins Bett, Tosca. Deine Mutter hat nur geträumt." Sie folgte!

„Sag mir, was zum Teufel ist eigentlich mit dir los!"

„Bitte, Umberto, sag alles. Aber erwähne um Himmels willen nicht den Teufel!"

„Schau dich doch an. Du zitterst richtig. Es vergeht kaum eine Nacht, in der du nicht schweissgebadet aufwächst! Was hast du bloss? Liest du mir wieder zu viel Romane. Geh in die Küche und trink eine Tasse Milch, das beruhigt!"

Sie folgte und zittere wirklich. Sie konnte Umberto unmöglich etwas erzählen. Er würde sie nur für verrückt halten. Als sie wieder ins Schlafzimmer zurückkehrte, sagte er: „Morgen gehst du am besten in die Apotheke und kaufst dir einige Beruhigungsmitteln. Das wird helfen. Und denk einfach nicht zu viel nach!"

„Ich mache mir einfach Sorgen um Tosca", sagte sie.

„Quatsch, vergiss es, dieses Mal wird es gutgehen. Die Anzeichen stehen auf gut", erwiderte er und knipste das Licht aus!

„Ich bitte dich, Umberto, mach das Licht wieder an!"

„So kann ich aber nicht schlafen!"

„Dann lösch es meinetwegen, aber im Gang mache ich Licht und dann lasse ich die Türe halb offen. Ich hasse die Dunkelheit."

„Ach, lass mich schlafen!"

Angela wurde nach den weiteren Funden misstrauisch. Eine Freundin kam sofort auf die Idee und sagte, dass jemand wohl der Familie nicht wohl gesinnt sei und Hexerei mache!

Diese Freundin war eben eine Angehörige der Zeugen Jehovas! Sie sagte Angela, es gelte nun aufzupassen und immer zu beten. Wenn man den göttlichen Schutz hatte, dann konnten diese Leute nicht viel ausrichten. Angela war entsetzt und sie hatte sofort die sizilianische Familie in Verdacht. Nur diese Lumpenkinder griffen zu solch primitiven Mitteln und das würde sie Nadja schon mal ins Gesicht schleudern. Dabei wollte sie aber dennoch diplomatisch vorgehen! Sie erwähnte diese Vorfälle nur am Rande und betonte, dass man ihr kein Leid zufügen könne, denn Jesus Christus sei der mächtige Sohn Gottes. Ihm seien alle Gewalt gegeben auf Himmel und auf Erden. Sie würde das Böse niemals annehmen und alles zurück an den Absender schicken.

„Diese verdammte Schlange", dachte Nadja, „deshalb geht es mir immer schlechter und bei ihr sieht man keinerlei Anzeichen irgendeines Leidens. Angela sollte doch eliminiert werden."

Angela sprach weiterhin auf die künftige Schwiegermutter des Sohnes ein und betonte bewusst, dass sie nichts gegen diese Hochzeit hätte. Sie hätte ihr Leben gehabt und wie der Sohn lebte, dass war nun nicht ihre Sache: „Wie man sich bettet, so liegt man!"

„Das finde ich auch Angela! Und wegen diesen Vorfällen. Mach dir keine Sorgen. Ich glaube auch nicht daran. Wenn meine Kolleginnen mich darauf ansprechen, so sage ich immer, dass es für mich nur die Madonna und Gott gibt."

Man liess das Thema links liegen! Stattdessen besprach man Einzelheiten der Verlobung, die bald stattfinden würde. Nadja erwartete die Eltern und einzelne Geschwister aus Sizilien und auch der Mann hatte eingeladen. Wieder hatte man eine grosse Halle gemietet und man musste die genau die Anzahl Plätze kennen. Das Menu wurde besprochen und man vereinbarte, dass Nadjas Familie für das Kochen und Bereitstellen aller Sachen verantwortlich war. Angela war natürlich froh, dass sie nicht mithelfen musste. Sie war nicht mehr die Jüngste und die Gesundheit machte ihr manchmal zu schaffen. Sie stellte sich jedoch zur Verfügung und wollte der Verwandtschaft Stoffe und Spitzen schenken und war auch bereit, etwas für sie zu nähen. Die beiden Frauen kamen im Grunde genommen nicht schlecht aus und auch Angelas Wut legte sich. Zwar flammte diese immer wieder auf, doch sie musste einsehen, dass daran nichts mehr zu rütteln war. Nadja kam die Ruhe ihrer alten Freundin merkwürdig vor und sie glaubte fest daran, dass die Magie nützte. Sie musste nur noch den letzten Teil, nämlich den Plastikkörper der Puppe in den Garten vergraben und dann war, so glaubte sie jedenfalls, die Sache geritzt. Sie verabschiedete sich und sagte ihr, man würde sich ohnehin vor der Verlobung sehen.

In der Nacht, es war ungefähr gegen halb elf Uhr, sagte Nadja ihrem Mann, sie müsse unbedingt in den Bastelraum, um etwas zu erledigen. Sie wäre aber in einer halben Stunde ganz sicher wieder da. Für sie sei es ohnehin viel zu früh, um zu Bett zu gehen, also wolle sie lieber noch aktiv sein.

„Gib es doch zu! Du willst bloss nicht ins Bett, weil du Angst vor Geistern hast!"

„Umberto, du redest immer den gleichen Blödsinn. Geister gibt es nur in Märchen. Warte auf mich. Ich bin bald wieder da."

Sie begab sich zu Angelas Wohnkomplex und hatte alles dabei. Sie kam aber nicht dazu, diesen letzten Teil der Puppe in die Erde zu vergraben, denn als sie sich gerade an die Arbeit machte, sah sie die Hausbesitzerin, die mit ihren Hunden in der Nähe spazieren ging und mit grossen Schritten genau auf sie zukam. Die Hausbesitzerin hatte drei ganz kleine und eine grosse schwarze Dogge.

„Nein, um Himmels willen", sagte sie sich, „Ich muss hier weg! Wenn die Viecher das Zeug riechen, dann ist alles aus." Sie rannte, sie stürzte davon und war ausser Atem. Der gefüllte Torso blieb in einer Ecke einfach liegen. Endlich kam sie zu Hause an und ging zuerst in Bad! Ihr Mann wunderte sich über sie!

Am kommenden Morgen war Angela in die Küche und bemerkte sofort etwas im Garten, dass sehr komisch aussah. Sie ging hin und fand das Ding. Die arme Frau musste sich setzen und benötigte ein starkes Herzmittel, um sich zunächst zu beruhigen. Dann holte sie die älteste Tochter und die war ebenfalls überrascht: "Meinst du wirklich, dass das für uns bestimmt ist? Das war diese Schlampe von Sizilianerin. Hör mal, liebes Mutti. Mach Dir keine Gedanken. Ich nehme das Ding und fahr jetzt, aber genau jetzt zur Polizei und mache eine Anzeige gegen Unbekannt. Wenn wir sie mal erwischen, werden sie ganz böse drankommen!" Sie küsste Angela ganz sanft auf die Wange. „Wenn ich zurückkomme, bringe ich dir was Feines und wir werden dann ein gutes Frühstück einnehmen. Liebe Mutter, mach dir keine Sorgen."

Die Polizei konnte der Tochter nicht weiterhelfen. Die sahen zwar auch recht verdutzt aus und sagten, dass sie ständig mit den ungewöhnlichsten Tatsachen konfrontiert würden. Aber keine Tat gegangen worden war oder zumindest der Tatbestand einer Körperverletzung nicht gegeben war, könnten sie auch nichts unternehmen. Wenn man die Leute holen würde, die verdächtigt waren, würden sie das ohnehin abstreiten.

Die Tochter war über diese Antwort unzufrieden. Was nütze die Polizei, wenn sie doch nichts machen konnte? Wozu war sie überhaupt da? Es mussten zuerst Tote oder Verletzte da sein und erst dann würden sie was unternehmen! Dabei verdiente ein Polizeibeamter so viel Geld.

Wie versprochen, ging sie einkaufen und begab sich dann nach Hause. Die Mutter sass am runden Tisch. Ihr schien es etwas besser zu gehen. Melanie war da. Eine alte Bekannte mit viel Pfiff. Sie hatte sich mit übernatürlichen Dingen beschäftigt und konnte die verwirrte Freundin aufklären. Ihrer Ansicht nach war Zauberei gefährlich. Doch alles war hier falsch gemacht worden. Wer auch der Täter sein konnte, er hätte das Torso der Puppe vergraben müssen. Da man es aber gefunden hatte, nützte der ganze Zauber nicht viel. Melanie spürte zwar, dass Magie in der Luft hing, denn, wenn dies der Fall war, musste sie immer gähnen. Sie forderte Angela auf, ihr Essig auf einem Teller zu bringen. Essig hatte in der Bibel eine grosse Bedeutung. Damit hatte man sogar Jesus auf dem Kreuz Erleichterung verschafft. Da damals kein Wasser zu kriegen war, hielt man ihn einen Schwamm hin, der mit Essig befeuchtet worden war. Melanie lief in der ganzen Wohnung umher und sagte: „Im Namen Jesus Christus reinige ich hier und jetzt alles von dem Bösen." Dabei spritzte die den Essig umher und machte die Fenster weit auf. Sie sagte ihrer Freundin, dass sie das auch noch sechsmal tun müsse. Im ganzen eben sieben Mal, die magische Zahl! Und dann sei das Haus gereinigt. Auf jeden Fall solle sie ja keine Angst haben. Man könne weder ihr noch der Familie etwas antun. Die Tochter musste loslachen. Die Geschichte nahm ja Dimensionen an. Man hätte diese Story ja direkt in einer Zeitung platzieren können. Sie war sich aber auch sicher, dass alles mit diesen verdammten Sizilianern zu tun hatte. Auf jeden Fall wollte sie der Verlobung fernbleiben. Sie machte nicht alles mit. Und irgendwann musste man nein sagen können. So würden diese Idioten mal Anstand lernen. Das fand Angela zwar hart, aber sie fand das in Ordnung! Die zweite Tochter wollte an der Verlobung teilnehmen. Der Bruder war immer noch der Bruder. Und deshalb wollte sie ihm zeigen, dass sie zu ihm halten würde!

Für Angela geriet der ganze Spuk etwas in Vergessenheit, denn die Verlobung stand bevor. Nun war es endlich soweit. Einige Dinge mussten erledigt werden. Angela hatte schon ein schönes Kostüm und für diesen Anlass wollte sie nicht zu viel Geld ausgeben. Die jüngste Tochter kaufte sich jedoch ein langes blaues Kleid und wollte der Familie Ehre erweisen. Angelas Familie war nur in der Minderheit vertreten. Ihre Schwester mit ihrem verheirateten Neffen reisten aus Italien an, und drei Cousins ihres Mannes kamen ebenfalls mit Anhang. Auf der anderen Seite jedoch kamen die Leute in Scharen."

Als das Fest stattfand, war das Klima zwischen den zwei Lagern frostig. Angela hatte Unterstützung von der Schwester und von ihrer Tochter. Gott sei Dank waren sie ihrer Meinung. Alle gaben sich aber sehr freundlich und von aussen her hätte man nie ahnen können, dass die einen auf die anderen nicht gut zu sprechen waren. Die Verlobungsfeier lief nach gleichem Muster ab! Für Umberto hiess es einfach „wie gehabt!" Seine Gäste waren genau die gleichen. Das Essen war fast gleich und selbst die Geschenke wichen nur minim von den Geschenken der ersten Verlobung ab. Obschon er nie viel überlegte, kam er sich dabei auch etwas komisch vor. Er fragte sich, was wohl die anderen denken würden. Niemand erwähnte jedoch etwas und das war auch gut so. Angela regte sich über die Sizilianer auf und sie meinte, man würde ihr als Mutter des Bräutigams nicht genügend Referenz erweisen. Sie sass meistens an ihrem Platz. Da sie eine festere ältere Dame war, tanzte sie nie. Ihr Mann jedoch wagte manchen Tanz. Er machte sich dabei total lächerlich. Es war mehr ein Gehüpfe, denn er hatte nie gelernt, was tanzen heisst. Niemand konnte in jener Gesellschaft tanzen! Hauptsache war, das Ganze sah nach einem Fest aus. Die Tochter musste verlobt werden, und man hatte es nun erreicht. Dieses Mal würde es zur Hochzeit kommen. Das stand jetzt schon fest. Die Signora hatte tatsächlich geholfen. Maurizio war ein ruhiger Mann geworden und anscheinend konnte die Familie ihm alles sagen. Er akzeptierte alles und war der gleichen Meinung. Angela erkannte ihn nicht mehr wieder. Er war für sie fast ein fremder geworden. Maurizio interessierte sich überhaupt nicht mehr für die Mutter. Angela verstand ja, dass jeder sein eigenes Leben führen muss, aber er brauchte es ja nicht so offensichtlich zu machen. Sie konnte jedoch nichts daran ändern.

Im Schnellschuss wurde dann die Hochzeit besprochen. Die Vorbereitungen sollen hier nicht detailliert beschrieben werden. Die meisten wissen ja, was es dazu braucht. Die Kirche wurde schon vor der Verlobung reserviert. Man war übereingekommen, dass in der Schweiz geheiratet werden müsse. Die Leccesi wollten nicht nach Sizilien und die Inselbewohner auf gar keinen Fall nach Lecce. Also war es besser, dass man es in der Schweiz machte. Die Hochzeit musste in einer katholischen Kirche stattfinden. Dies hiess für den Bräutigam, dass er den Katechismus und alles weitere nachholen musste, denn Angela war seinerzeit aus der Kirche ausgetreten und war bei einer Freikirche tätig. Maurizio nahm dies um des Friedens Willen in Kauf und besuchte manche Abende die Räume der katholischen Pfarrei, wo er lernen musste.

Für die allgemeinen Hochzeitsvorbereitungen gab es nur einige unterschiedliche Meinungen. Die Kosten wurden aufgeteilt und Maurizio weigerte sich, seinen Teil zu bezahlen. Seine Eltern waren nämlich der Ansicht, dass er auch einen Teil der Kosten übernehmen müsse, denn sie hatten ihm das Studium ermöglicht und schliesslich verdiente er nicht wenig Geld. Da er ausserdem noch in der elterlichen Wohnung lebte, sparte er zusätzlich Geld. Doch Maurizio sah das gar nicht so. Er war der einzige Sohn. Er heiratete nur einmal und deshalb konnten sie schon mal in den sauren Apfel beissen. Eines setzte Angela zwar durch. Er musste zumindest das Brautkleid bezahlen, denn die andere Seite wollte dafür für sein Kostüm aufkommen.

„Wenn das sein muss, dann tue ich es halt. Aber das Zeug soll ja nicht mehr als tausend Franken kosten. Sie zieht es nur einmal an und dann braucht sie es nicht mehr. Und überhaupt, das Ganze regt mich wirklich auf. Wenn es nach mir ginge, würde ich nur auf dem Standesamt heiraten. Das ganze Theater und das viele Geld."

„Du hast dir diese Familie ausgewählt. Nun musst du das Spiel zu Ende spielen", sagte ihm die Mutter.

„Ja, ja, schon gut. Wenn ich einmal verheiratet bin, werden sie mich kennenlernen. Dann hat sich niemand, aber gar niemand in mein Leben einzumischen. Das kann ich dir schon heute sagen."

„Ich wusste, dass es so kommen würde. Du bist eben von Natur aus ein fieser Kerl und ich wusste, dass du dich nicht wegen einer Frau total ändern würdest. Das mein Lieber ist jedoch erst der Anfang. Wie wird das alles nur herauskommen! Ich habe darüber nachgedacht, kann mir aber wirklich keine Vorstellungen machen. Ich bin aber sicher, dass gäbe ein Buch für sich!"

„Mach dir bloss keine Sorgen. Dein Sohn ist nicht so dumm wie du glaubst. Mach mir aber diesen Gefallen! Wenn du mit diesen Frauen nach Meilen fährst, wo ihr das Brautkleid kaufen möchtet, so achte darauf, dass ich kein Vermögen ausgeben muss."

„Ich werde sehen, was ich tun kann. Und übrigens, habt ihr eigentlich schon eine Wohnung gefunden?"

„Wir haben eine Zweizimmerwohnung für sechshundert Franken angeschaut. Es war aber wirklich eine Bruchbude. Ich habe aber eine andere Wohnung in Schwamendingen an der Angel, die nur achthundert Franken kosten würde, eine schöne und geräumige Dreizimmerwohnung."

„Wie denn das? Leute, die gut verdienen, kommen nicht so einfach zu günstigen Wohnungen. Wie hast du denn das eingefädelt?"

„Die Mutter eines Arbeitskollegen ist Vorsitzende einer Baugenossenschaft und er hat für mich ein gutes Wort eingelegt. Leicht war es nicht. Seine Mutter hat ihm nämlich gesagt, dies sei wirklich einmalig! Das würde sie nie wieder tun. Solche Wohnungen sind normalerweise wirklich nur für Familien mit niedrigem Einkommen. Und zu Beginn arbeiten wir sogar zu zweit! Du siehst wie schlau dein Sohn sein kann. Morgen krieg ich Bescheid. Ich bin aber schon zu fünfundneunzig Prozent sicher, dass ich die Wohnung bekomme."

„Das ist ja gut für dich!"

Angela fuhr mit Nadja, Tosca und einer Tochter nach Meilen. In jenem Geschäft gab es hunderte von schönen Brautkleidern. Jedes Kleid stand der Braut gut, denn sie war sehr schlank. Sie suchte einen ganzen Nachmittag und entschied sich für ein biederes Kleid mit Rüschen, das ihre Unschuld und ihre Jugend betonte. Mit dem Kleid allein war es aber nicht getan. Der Brautschmuck, die Handschuhe, der Schleier und das spezielle Hütchen, das man braucht, wenn man den Schleier abgelegt hat. Es kam einiges zusammen und die Gesamtkosten beliefen sich auf zweitausendfünfhundert Franken. Maurizio war nicht gerade begeistert, doch es blieb ihm nichts anderes übrig und musste die offene Rechnung bezahlen. Für Maurizio sah fast alles rosig aus. Die Wohnung hatte er bekommen und die Möbel, die man in Como bestellt und bereits bezahlt hatte, konnten geliefert werden. Bis man allerdings die Möbel ausgesucht hatte, gab es einiges zu tun.

Die beiden Elternpaare hatten sich zusammen mit den Brautleuten nach Norditalien begeben. Sie stellten zunächst erstaunt fest, dass die Preise nicht mehr so günstig wie früher waren. Toscas Eltern bezahlten das Schlafzimmer, das gar nicht dem Geschmack Angelas entsprach. Das Bett war ultramodern, die zwei Kommoden in dunklem Holz gehalten und etwas altmodisch und der grosser Schrank war weiss. Wieso hatte Tosca einen solchen Geschmack? Später fand Angela heraus, dass Tosca bei der Auswahl der Möbel gar nicht viel überlegt hatte. Angela hatte die Möglichkeit sich ein Videoband anzuschauen, welche Toscas Familie in Sizilien zeigte. Mit der Kamera war man durch das ganze Hause gelaufen und hatte alles festgehalten, damit man den Freunden in der Fremde zeigen konnte, wie man sich eingerichtet hatte. Es stellte sich bald heraus, dass Tosca einfach die Einrichtung der Eltern kopiert hatte. Die restlichen Möbel musste Maurizio selber bezahlen. Seine Eltern waren nicht auf Rosen gebetet und das Geld, das hereinkam, wurde ausschliesslich in Italien und in Autos investiert.

Zwei Tage vor der Hochzeit erschien die Mutter der Braut bei Angela und sagte, dass mindestens eine Tochter mit ihr und einer Tante der Braut in die neue Wohnung gehen und das Bett vorbereiten mussten. Das war bei ihnen Sitte. Wie immer hatte die eine Tochter sofort abgelehnt. Die andere aber war etwas milde gestimmt und sagte zu. Sie hatte das noch nie erlebt und nahm sich Wunder, wie die zwei Frauen vorgingen und was da nicht alles gemacht wurde.

Danach erzählte sie Angela die folgende Geschichte: „Mutter, das kannst du dir wirklich nicht vorstellen. Zunächst fuhr ich ja wie abgemacht zu Nadja. Dort mussten wir alle drei zusammen ins Bad gehen. Ich musste ihr die Hände waschen und sie wiederum wusch die Hände ihrer Schwester, damit die Reinheit im Schlafzimmer der Brautleute vollkommen sei. So ein Blödsinn! Hast du schon so was gehört? Danach fuhren wir nach Zürich Nord, nach Schwamendingen. Also, die Wohnung sieht echt toll aus. Die hat ja schon ein Glück! Sie heiratet und zieht einfach ein. Davon können andere Mädchen nur träumen. Aber ich habe trotzdem meine Bedenken, ob eine solch arrangierte Ehe auch wirklich glücklich wird. Die Mutter mit der Tante bereitete das Bett vor. Es gab drei Schichten. Weshalb, weiss ich auch nicht. Und eine Decke genügte auch nicht. Im Ganzen wurden zwei Decken ausgebreitet und dann wurde das ganze Bett mit einem leichten rosa Überzug nochmals gedeckt. Dann streuten die Frauen buntes Papier mit allerlei Glückswünschen und farbige Ballons im Zimmer herum. Das Schlafzimmer wurde dann verschlossen. Nadja sagte mir, dass Maurizio die Schlüssel erst nach dem Fest von Umberto bekäme. Es könnte ja sonst sein, dass er sonst etwas mit ihr ausprobieren würde und das wäre total verboten. So ein Quatsch! Einmal so etwas machen, das geht ja noch, und ich habe es ja dir zu Liebe gemacht. Aber noch einmal bin ich dafür nicht zu haben."

„Was du nicht sagst, man könnte meinen, dass die Jungfrau Maria höchstpersönlich ihren Auftritt hat. Ich kann es fast nicht glauben. Wohin soll das alles führen? Und Maurizio, mein einziger Sohn liess sich von denen einlullen", sagte Angela entrüstet.

Bei der Hochzeit würden sich nun mehr Gäste einfinden. Aber wie bei der Verlobung waren wieder mehr Leute aus Sizilien dabei. Die eine Tochter fand, dass sie doch auch eine gute Freundin einladen sollte. Diese Freundin kannte Angela sehr gut und war schon manches Mal zu Besuch gekommen. Ja, sie durfte sie einladen, doch Maurizios Vater bestand darauf, dass die Tochter die Kosten für das Essen zu übernehmen hätte, denn schliesslich war die Freundin kein Familienmitglied. Ausser den wenigen Verwandten kam auch der Taufpate von Maurizio aus Lecce angereist und einige gute und persönliche Freunde aus der Studienzeit waren ebenfalls eingeladen. Zafirios, der alte Grieche und enge Freund, war ebenfalls anwesend. Die Hochzeit wurde gewissermassen zu einem Stelldichein, und viele sahen sich nach langer Zeit wieder. Man hatte viel zu diskutieren.

Nachdem der Teil in der Kirche vorbei war, begab sich das frischvermählte Paar zum See, wo Fotos gemacht wurden. Sie hatten Glück gehabt, denn Zürich zeigte sich von der besten Seite. Es schien die Sonne und viele Leute blieben beim Anblick der schönen Braut stehen. Auch sie wollten etwas von der romantischen Stimmung ergattern. Zum See hatte man sich im grossen Auto eines Kollegen aus der Studienzeit begeben, welches mit bunten Blumen geschmückt war.

In der Zwischenzeit begab sich die Hochzeitsgesellschaft zu einem italienischen Restaurants in Schlieren und wartete geduldig auf das Paar. Nur Maurizios Vater verlor die Geduld. Nach zwei Stunden fing er an zu schreien. Er hatte genug gewartet und wollte nun endlich sein Essen haben.

„Wo bleibt denn dein Sohn? Er macht wieder alles absichtlich. Er ist unanständig. Man kann die Leute wirklich nicht so lange warten lassen", herrschte er seine Frau an.

„Hab etwas Geduld. Sie werden bald kommen. Ich bitte dich, reiss dich zusammen und schreie nicht herum. Alle schauen schon zu uns."

„Pass auf, wie du mit mir sprichst, sonst haue ich dir eine runter. Es ist mir nämlich ganz egal, dass Leute hier sind."

Angela hatte Tränen in den Augen. Sie wusste zwar, dass ihr Ehemann nichts von ihr als Frau hielt und noch eine Geliebte hatte, doch er konnte sie doch zumindest respektieren und sie gut behandeln. Sie war ja auch nur ein Mensch und hatte ein Herz. Sie hatte seine Kinder erzogen, ging immer arbeiten und hatte stets alles für die Familie getan. Dass sie heute so gut dastanden, war schliesslich ihr Verdienst gewesen, nur ihr Verdienst. Da konnte er doch wenigstens auf ihre Gefühle Rücksicht nehmen! Ob er nun schrie oder nicht, er musste sich fast noch eine zusätzliche halbe Stunde gedulden und dann kam das Brautpaar endlich. Der Brautmarsch ertönte. Das war Tosca Stunde. Alle schauten sie nun an. Maurizio war stolz. Sie sah gut aus und stellte was dar. Wenigstens etwas! Der Fotograf rannte herum, die kleine Band spielte unaufhörlich. Alle standen auf und klatschten in die Hände. „Viva la sposa, viva la sposa, es lebe die Braut, es lebe die Braut", riefen alle. Tosca strahlte. Angela dachte: „Nach diesem Fest kehrt der Alltag zurück und dann wird ihr das Lachen vergehen. Sie wird schon sehen. Sie sollen gefälligst das Essen servieren, dann bin ich wenigstens beschäftigt und muss mir diese dummen Gesichter nicht ansehen."

Es wurde gegessen, getanzt, gelacht und gesprochen. Mit der Zeit wurde alles locker und die verschiedenen Leute gingen offen aufeinander zu. Die Musik war italienisch und oft wurde die Tarantella gespielt. Man kam sich wie im Ausland vor, doch man war in der Schweiz. Eigentlich schade, dass nach einem Tag alles vorbei war. Dabei hatte die Vorbereitung dazu so lange gedauert. Es wurden immer wieder Fotos gemacht und dazu ein Videofilm gedreht. Gegen Schluss der Veranstaltung konnte man paarweise mit dem Brautpaar ein Erinnerungsbild machen lassen. Im Film wurden diese Bilder immer von verträumter und melancholischer Musik begleitet. Angelas Tochter konnte nicht mit einem Partner aufwarten. Sie wählte einfach mal die Kollegin und ein andermal Zafirios der Grieche. Sie war damit zufrieden. Das Essen war sehr gut gewesen und zwischendrin gab es Spiele und Tanz, weshalb man sich nicht so sehr voll fühlte. Ein ganz besonderer Leckerbissen war jedoch die Hochzeitstorte, die aus süssem Marzipan und Creme bestand. Dazu wurde guter Champagner serviert. Die Torte, die riesengross war, wurde liquidiert. Man musste immer wieder zugreifen. Angela hatte gehofft, dass sie noch ein Stück nach Hause bringen konnte, aber es blieb nichts davon übrig. Bevor man das Fest mit Bedauern abschliessen musste, bekam jeder Teilnehmer eine Bomboniera. Die Bomboniera ist ein Andenken, welches meistens sehr schön verziert ist. In einem feinen weissen Netzchen sind einige Konfetti beigefügt. Eine Bombomiera kann man sich in Form einer weissen Taube, einer Minivase oder sonst eines Gegenstandes vorstellen. Die Italiener verschenken zu allen möglichen Anlässen dieses Andenken. Bei Taufen und silbernen oder gar goldenen Hochzeiten wird einem ein Mitbringsel nachgeschossen. Angela hatte eine ganze Sammlung davon, die Bomboniera ihres Sohnes würde aber sicher einen Ehrenplatz bekommen. Spät in der Nacht war sie müde und konnte nicht schnell genug nach Hause kommen. Die Tochter lud die beiden Cousins aus Lecce und die Tochter einer von ihr in Como lebenden Cousine ins Auto und fuhr in das Waidrestaurant. Sie wollte ihnen noch etwas von der herrlichen Aussicht auf Zürich zeigen. Von dort aus sieht man auf die ganze Stadt. Die Lichter waren zauberhaft, aber auch bei Tage hat man einen schönen Ausblick. Man überblickt die Stadt, den ganzen See in seiner langen Form und die Berge. Man kann auch einzelne berühmte Gebäude genau erkennen. Die Universität mit seiner grünen Kuppel, die Eidgenössische Technische Hochschule sowie das Stadtspital Triemli, welches in Form eines Hochhauses gebaut ist.

Die jungen Leute waren noch gar nicht müde. Erst gegen drei Uhr morgens kamen sie zurück und legten sich schlafen. Angela hörte sie. Sie war jedoch im Bett und wollte ihnen keine Vorenthaltungen machen. Es war ein besonderer Tag gewesen und man musste nicht immer alles so streng sehen.

Am Morgen danach hatte Angela zunächst gar keine Möglichkeit und auch keine Zeit, um ihren Sohn anzurufen. Ihre Schwester aus Italien war hier und sowie ihr Sohn samt Ehefrau. Sie hatten eben auch die Tochter ihrer Cousine dabei. Angela war beschäftigt. Sie war froh über den Besuch der Schwester. Ihre Schwester war die einzige Person, die sie vollkommen verstand. Thema des Tages war die Hochzeit und ihr Sohn. Die Sizilianer wurden nach Strich und Faden auseinandergenommen. Angela liess kein gutes Haar an ihnen. Ihren Sohn allerdings vermisste sie förmlich. Auch ihre

Tochter sagte: „Du Mama, es ist aber schon komisch. Gestern war er hier und plötzlich ist er nicht mehr da. Sein Zimmer ist leer. Seine Sachen sind nicht mehr da. Es ist schon komisch."

„Ja", sagte Angela, „auch ich vermisse ihn, ich habe die halbe Nacht kein Auge zu gemacht."

„Diese Leere kommt mir fast so vor als sei jemand gestorben!"

„Übertreiben musst du ja nicht gerade", sagte die Tante.

„Doch! Ich war gar nicht darauf vorbereitet. Natürlich wusste ich, dass ein Mensch die elterliche Wohnung verlässt, sobald er einmal verheiratet ist, aber so habe ich es mir nicht vorgestellt."

„Mein Kind, mit der Zeit wirst du dich daran gewöhnen. Ich meine, Maurizio wird uns mit seiner Frau besuchen kommen. Es wird uns nichts anderes übrigbleiben! Wir müssen einfach nett zu ihr sein. Jetzt ist die Ehe geschlossen. Leider. Er hat einen grossen Fehler begangen, doch er muss es selber einmal ausbaden", sagte Angela.

„Das sagst du richtig, Mutter. Ich habe gehört, dass Leute in unglücklichen Ehen sogar eher anfällig auf Krankheiten sind. Da muss auch Tosca aufpassen. Sie hat zwar erreicht, was sie wollte, aber jetzt ist die Hochzeit vorbei. In der Familie wird zwar weiterhin Tamtam gemacht. Bei den Sizilianern wird nun über das erste Kind gesprochen. Dann wartet man die Geburt und die Taufe ab. Da wird sie wohl auch im Mittelpunkt stehen. Die wissen eben immer, wie sie sich in Szene setzen können. Aber einmal, da beginnt auch für sie mal der Alltag!"

„Weisst du, darüber mache ich mir keine Kopfzerbrechen. Das ist dann ihr Bier. Und wie du gesagt hast, sie soll aufpassen, dass sie ihre Gesundheit nicht gefährdet. Im Moment ist sie ja nicht schlank. Sie ist geradezu ein Kleiderhaken. Ich finde das auch nicht normal", sagte Angela.

„Du, ich kann euch eine kurze Geschichte erzählen. Meine Kollegin arbeitet als Assistentin im Spital und dort hat sie eine Dame angetroffen, die an Brustkrebs leidet. Man kann sich ja fragen, wieso bekommen so viele Frauen dieses Leiden. Meine Kollegin hat mir erzählt, dass diese Frau schon seit fünfzehn Jahren keine geschlechtliche Beziehung zu ihrem Mann mehr hat. Das ist natürlich nicht normal. Der Mann sei eines Tages nach Hause gekommen und habe ihr unvermittelt gesagt, damit sei es jetzt aus.

Ich weiss aber nicht, ob er eine andere hat. Seine Frau musste es aber schlucken. Irgendwie muss sie alles in sich hineingefressen haben und meine Kollegin ist sich hundertprozentig sicher, dass der Ausbruch der Krankheit etwas mit der Lebensführung dieser Frau zu tun hat. Ihr seht also, man kann mit dem Leben nicht spielen und man kann sich auch nichts vormachen. Irgendwann reagiert der Körper und wenn es einmal zur Explosion gekommen ist, können die Ärzte auch nicht viel machen. Die Tosca hat sich in etwas eingelassen, dass sie selber noch nicht kennt."

„Na ja, wie gesagt, wir können jetzt nicht viel machen. Heute ist wunderschönes Wetter! Nach dem Essen kannst du mit den Cousins noch einen Ausflug machen, was meinst du?"

„Das hatte ich ohnehin vor und du Tantilein, willst du etwa den ganzen Tag zu Hause bleiben?"

„Du, ich bin nicht mehr die Jüngste. Geh nur. Wenn ich mal meine Schwester besuche, dann will ich auch bei ihr sein und mit ihr plaudern. Wir sehen uns ja so selten. Ihr kommt nur zweimal im Jahr vorbei und dann bleibt ihr knapp zwei Stunden und setzt dann eure Reise nach Lecce fort. Wenn ich schon mal da bin, dann nehme ich es mir gemütlich und diskutiere", sagte die Tante.

„Ich versteh das und das wird Mutter sicher auch gut tun. Sie liebt die Gesellschaft und ich kann mir schon vorstellen, über was ihr alles zu sprechen habt."

Angela war schon voll mit dem Kochen beschäftigt. Sie hatte schon am Vortag damit begonnen. Das ganze Haus schmeckte schon vorzüglich. Das Küchenfenster war offen. Der Wind trug diesen guten Duft in der ganzen Gegend herum. Italiener waren am Kochen. Das merkte die Nachbarschaft. Was für ein Unterschied. Schiebt man zum Beispiel eine Pizza oder die Spaghetti nur in den Mikrowellenofen, dann riecht es nur kurz und meistens nach nichts. Das hier aber war Esskultur. Angela hatte den schon grossen Tisch aufgeklappt und getischt. Sie hatte für diesen Tag und zu Ehren der Schwester das gute Geschirr herausgeholt. Die Tischdecke passte zum rosaweissen Geschirr und auch die Gläser waren auserlesen und aus reinem Kristall aus Venedig. Auf dem Tisch stand ein bunter Frühlingsstrauss. Der grosse Balkon war die ganze Zeit offen. Man konnte die Blumen sehen, die sie dort in Töpfen aufgestellt hatte und die frischen Blätter der Bäume.

Damit das übergrosse im amerikanischen Stil gebaute Wohnzimmer nicht zu hell war, liess sie den roten Sonnenschutz etwas herunter. Die rötliche Farbe tauchte den ganzen Wohntrakt in einer frischen Vorfrühlingsstimmung, die auf alle Bewohner eine positive Auswirkung hatte. Neben dem Balkon war das ebenfalls handgearbeitete rote Sofa, welches Angela aus Anlass zum fünfundzwanzigjährigen Hochzeitsjubiläum einführen liess. Angela hatte sich schön eingerichtet und sie war froh, dass sich ihre Gäste wohl fühlten. Denn wenn sich die Leute wohl fühlten, war das auch ein Kompliment an sie.

Bis zum Mittagessen gab es noch etwas Zeit. Die Töchter machten noch einen Spaziergang mit den jüngeren Cousins, damit diese ihre überschüssige Energie loswerden konnten. Es war Sonntag und die Strassen waren menschenleer.

„So, bald gibt es ein Superessen und dann werden wir eine Stunde am runden Tisch sitzen, bis wir verdaut haben. Dann zeigen wir euch, wir schön Zürich bei Tag ist. Wir fahren mitten durch die Stadt bis ans Bellevue. Das kennt ihr ja schon. Und dann fahren wir am See entlang, bis wir zur Halbinsel Au gelangen. Das ist ein ganz schöner Ort. Ihr werdet staunen. Für diejenigen, die noch mögen, gibt es dann Eistorte mit Sahne. Wir werden euch dann zeigen, wie schön es dort ist."

„Was soll es denn dort besonderes geben", sagte das jüngste Mädchen, die vorigen Monat siebzehn Jahre alt geworden war. Sie war Eleonora und kam mit der Tante aus Como.

„Wisst ihr, zunächst fährt man auf die Insel hinauf. Es ist ein Ausflugsort der Schweizer. Dort gibt es ein hübsches, grosses Restaurant. In unmittelbarer Nähe hat es so etwas wie Hütten mit vielen Tieren. Man sieht Esel, Pferde, alle möglichen Vogelarten. Dann kann man durch eine enge Strasse hinunter zum Wasser laufen. Aber mehr verrate ich euch nicht. Sonst wisst ihr ja schon alles."

Die Cousins freuten sich und waren froh, dass die älteren Cousinen sich so sehr um sie sorgten. Sie taten es jedoch gerne. Sie hatten nämlich ihre Geburt miterlebt und hatten gesehen, wie aus kleinen Kindern langsam Jugendliche wurden. Die Liebe war gang gegenseitig gewesen. Nicht alle kamen aus Como. Um es genau zu sagen. Nur Eleonora. Die anderen drei waren junge Männer aus Lecce. Die Eltern konnten aus beruflichen Gründen der Hochzeit nicht beiwohnen. Für die drei war dies aber eine tolle Abwechslung gewesen. Schon die Fahrt im Zug von Lecce bis nach Zürich war ein Abenteuer für sich! Sie erzählten alle ihre Erlebnisse! In den Zügen gab es schon Leute, die sich nicht benehmen konnten. Mühe hatten die drei vor allem mit den stinkenden Füssen der reisenden, älteren Männer. Die Reise war sehr lang gewesen. Es schien ihnen als wolle diese niemals enden. Zwanzig Stunden sassen sie im Direktzug und das war eine lange Zeit gewesen. Während der Nacht sahen sie ja nicht viel. Sonst war die Landschaft immer die gleiche, vor allem in Norden Italiens. Die Abruzzen waren wenigstens hügelig und abwechslungsreich, doch der Norden hatte nichts Spezielles an sich. Vor und nach Mailand seien viele Leute im Zug eingestiegen, die gestohlene Ware loswerden wollten. Sie wollten vor allem Schmuck verkaufen. Dieser war aber sicher nicht echt gewesen. An der Grenze mussten sie eine ganze

Stunde warten. Dann ging es endlich in die Schweiz. Sie hatten einen guten Eindruck und waren froh, dass man in Lugano noch italienisch sprach. Dann fuhren sie durch eine herrliche Berglandschaft und sahen tiefgründe Seen. Die Leute, die an den verschiedenen Haltestellen den Zug bestiegen, sprachen bereits kein Italienisch mehr. Sie sahen auch ganz anders aus! Die drei jungen Burschen waren das erste Mal hier. Ihr Benehmen war tadellos gewesen und sie liebten Tante Angela über alles. Sie gaben ihr nicht viel Arbeit und assen dankbar, was sie vorgesetzt bekamen. Angela hatte sich mit ihnen viel Mühe gegeben. Sie sah in ihnen den Sohn, den sie jetzt halt doch irgendwie an die anderen verloren hatten. Die jungen Leute waren froh über die zwei Cousinen. Ihre Augen glänzten. In Italien wurden sie nicht so sehr verwöhnt. Wie gut, dass sie eingeladen worden waren.

Das Mittagessen übertraf alles, es übertraf sogar das Hochzeitsessen. Die Stimmung bei Tisch war ausgelassen und heiter. Man war eine grosse Familie. Es herrschte eine Bombenstimmung. Angela erhielt viele Komplimente. Ihr war wieder einmal alles gelungen. Zunächst gab es ein Teller Salat. Dann ein saftiger Kalbsbraten mit leichten Gemüsen. Jeder musste wieder nachschöpfen. Damit hatte aber Angela gerechnet. Dazu gab es Mineralwasser und einen schweren Roten aus Apulien. Der dritte Gang bestand aus Pasta al forno. Angela hatte die Pasta in vier grosse Schalen vorbereitet. Die Pasta Einlagen werden schichtweise mit Tomatensauce, Parmesankäse und Hackfleisch übereinandergelegt. Dazu gibt es wie immer einen Schuss Olivenöl, zwei oder drei Esslöffel Wein und das ganze wird auch gebührend gewürzt. Die Schalen werden dann in mittlerer Hitze in den Ofen gelegt, bis das geschmackvolle Essen zubereitet wird.

„Hum, Tante, das schmeckt aber gut", sagte Eleonora.

„Mein Liebes, ich habe mir auch sehr grosse Mühe gegeben. Ich möchte nämlich, dass ihr in Italien erzählt, wie gut es ihr bei mir gehabt habt."

„Mach dir darüber keine Sorgen, Tante, du bist wirklich die Grösste", sagte Salvatore.

„Weisst du, Schwester, bei uns in Como, gibt es neuerdings einen Laden, wo man die Pasta al forno fast ofenfertig kaufen kann. Man braucht die dann nur noch zu wärmen", sagte die Schwester.

„Ist den die Pasta auch hausgemacht", wollte Angela von ihrer Schwester wissen.

„Ja eben, die Familienmitglieder des Besitzers machen die Pasta am Abend vorher. Wenn ich Lust danach habe, lasse ich mir die Pasta schnell per Telefon reservieren und am

Morgen kann ich sie abholen. Wenn man alleine lebt, hat man keine Lust, ständig zu kochen. Für mich ist das praktisch."

„Sicher, was sollst du da Stunden verlieren. Mach es dir leicht, Tante", sagte eine Tochter Angelas.

„Vater, du isst ja wieder. Man könnte ja meinen, du kämst zu kurz!"

„Ich bin ein Leccese, und wenn Leccesi essen, dann essen sie", sagte er mit Freude. Tatsächlich würgte er alles hinunter. Ob das Essen nun gut war oder nur aus Bohnen und Brot bestand, er würgte es immer herunter und dabei schmalste er so grob.

Über die gestrige Hochzeit wurde nur am Rande gesprochen. Anscheinend hatten sich die Frischvermählten immer noch nicht gemeldet. Man wollte ihnen aber Zeit lassen. Sie wollten ja im Laufe des Nachmittages vorbeikommen und noch die Tante grüssen. Denn diese würde spätestens um sechs Uhr abends mit dem Sohne, seiner Frau und Eleonora nach Como zurückfahren.

Die beiden Töchter fuhren zur Halbinsel Au und die Gäste waren von der Schönheit der Landschaft und vom lieblichen Zürcher See hell begeistert. Hier sahen alle Leute so wohlhabend aus. Die meisten waren auch gut angezogen. Den jungen Männern in der Runde fielen vor allem die vornehmen Autos auf, die die Schweizer fahren. Die Schweizer mussten einfach enorm viel Geld haben. Alle Autos waren praktisch glänzend sauber geputzt und sahen fast wie neu aus. Im Süden sah man viel häufiger Klapperkisten, die voller Staub waren.

„Nein, nein, die Autos sind bei weitem nicht alle neu. Hier in der Schweiz muss man aber als Autobesitzer alle zwei Jahre das Auto zur Kontrolle bringen. Da werden ein Haufen Dinge kontrolliert. Die Spezialisten sagen dann, ob das Auto die Prüfung bestanden hat oder nicht. Wenn nicht muss man es in die Garage bringen und die Mängel beheben lassen. Man muss aber abschätzen können, ob sich das überhaupt lohnt oder nicht. Hat man einmal zu viel investiert und kommen immer wieder Reparaturen hinzu, dann sollte man vielleicht wieder ein anderes Auto nehmen. Das muss jeder Autobesitzer selber abwägen können. Deshalb kommt es euch vor, als seien alle Autos fast neu", sagte die eine Tochter.

Wie versprochen, wollten die Cousinen die jungen Leute zu einem Eis einladen, doch dazu fehlte noch die Lust. Also liefen sie einen schmalen und steilen Weg zum See hinunter. Man sah viel Grünes und wilde Pflanzen wuschen kreuz und quer. Man kam sich in einem exotischen Land vor, denn es war gerade heiss und nichts erinnerte hier an die Schweiz. Als sie dann den See erreichten, wurden Erinnerungsfotos gemacht. Jeder zauberte sein bestes Lächeln auf die Kamera. Sie erblickten auch einen Landesteg für die Schiffe. Die Zürcher lieben den See und machen häufig kleine Rundfahrten mit dem Schiff. Sie verweilten dort eine Weile und schauten sich herum, denn man musste die Schönheit der Landschaft wirklich in sich aufnehmen. Dann beschloss man, wieder hinauf zum Restaurant zu laufen. Der Rückweg nahm einige Zeit in Anspruch, denn dieses Mal ging es steil bergauf. Als man es endlich geschafft hatte, brauchten alle etwas zu Trinken. Man beschloss auch, Eis zu bestellen. Da man aber bereits genug gegessen hatte, wollte man nur zwei Portionen bestellen und mehrere Löffel verlangen, damit jeder etwas probieren konnte. Die zwei Portionen waren riesig und sahen in der Form einladend und toll aus. Wieder einmal war der Besuch aus Italien überrascht. Die älteste Tochter sagte dann, dass sie schnell nach Hause anrufen wolle, damit sie Neuigkeiten über den Bruder erfahren konnte. Ja, sie solle das ruhig tun, sagten alle anderen. Alle waren neugierig und wollten wissen, wie Maurizio die Hochzeitsnacht hinter sich gebracht hatte. An dieser Stelle muss man betonen, dass alle italienischen Cousins Maurizio liebten und bewunderten. Er hatte zwar eine Frau geheiratet, die der Tante nicht gefiel, doch das hatte nicht viel mit Maurizio selbst zu tun. Er war ein guter Kerl. Immer wenn er in Italien weilte, lud er alle ein und brachte viele Geschenke mit. Er hatte sein Herz am rechten Fleck. Sie wünschten ihm nur das Beste.

„Hallo Mutter, so wie geht es euch?"

„Du ganz gut. Ich bin froh, dass meine Schwester hier ist. Und ihr, kommt ihr bald nach Hause?"

„Ja, ja. Ich habe bereits die Rechnung bezahlt und wollte nur vor der Abfahrt schnell anrufen. Wir sind in etwas vierzig Minuten dort. Du, alle sind so gespannt. Ist Maurizio vorbeigekommen?"

„Ja, er war da. Die sind aber nur kurz geblieben und sind schon wieder weg. Zu ihren Eltern!"

„Na, erzähl schon. Wie geht es den beiden?"

„Du wirst es wohl nicht glauben, aber die sahen ganz traurig aus und sie haben geweint. Sie sind es nicht gewohnt, dass sie weg von zu Hause sind. Beide vermissen noch das Elternhaus. Besonders Maurizio kam dann in die Küche zu mir und hatte nasse Augen. Er hat mir richtig leid getan. Dann hat er noch die Resten gegessen. Die Tosca kann ja nicht kochen."

„Wie hast du denn reagiert?"

„Ich habe ihnen gesagt, dass sie sich halt auch an den Stand der Ehe gewöhnen müssten. Sie könnten aber jederzeit vorbeikommen. Mein Haus stehe ihnen offen."

„Gut, Mutter, es tut mir echt leid das zu hören, denn ich liebte eigentlich meinen Bruder, doch er wollte es so. Na ja, warte auf uns. Küsschen gel! Bis bald!"

Die anderen waren schon aufgestanden und man wollte sich zum Auto begeben. Zürich und Angela warteten.

„Na, erzähl schon? Wie geht es Maurizio? Werden wir ihn antreffen?"

„Nein, sie waren nur kurz bei Angela!"

„Was hat denn die Tante gesagt!"

„Die beiden Brautleute hätten anscheinend fast losgeheult, denn sie sind es nicht gewohnt, plötzlich alleine ohne die Eltern in einer Wohnung zu leben!"

Die jungen Leute stiegen schweigsam ins Auto und niemand lachte! Mit der Zeit gewöhnten sie sich jedoch an das Leben zu zweit. Sie sollten noch zwei Kinder bekommen, ein Knabe, der auf den Namen Davide getauft wurde und später ein Mädchen, das den Namen Elvira trug. Das Mädchen schlug ganz nach der Grossmutter und sollte eine kaufmännische Lehre absolvieren. Die junge Familie erlebte Höhen und Tiefen, doch sie hielt zusammen. Maurizio ernährte seine

Familie, und Tosca konnte zu Hause bleiben. Er hatte eine gute Stelle als Verkaufsleiter. Tosca sollte erst viel später selbständig werden. Doch lassen wir mal die junge Familie hochleben. Fortsetzung folgt!

Danksagung

Wenn ich allen Menschen danken müsste, die mich zum Schreiben dieser Erzählung inspiriert haben, so wüsste ich gar nicht, wo beginnen.

Dank gebührt meine Zwillingsschwester, die mich ermutigte, die Italiener der zweiten Generation im Ausland so zu beschreiben, wie sie wirklich sind. Oder wie viele von ihnen sind. Dies habe ich dann auch getan. Ich liebe Italien und ich liebe die Menschen dieses Landes. Sie sind, wie sie eben sind und denken halt zuerst an sich. Aber tun wir dies nicht alle?

Mein Dank gebührt auch meinem Lieblingscousin Donato, der mich mit zahlreichen Beispielen aus dem Alltagsleben der Secundos versorgte.

Danken möchte ich den „Freunden des engen Zirkels", denen ich stets vorlesen musste und die mir immer wieder sagten, ich solle doch ein paar Zeilen mehr schreiben. Speziell gefallen hat ihnen der Part, wo die Mutter der Braut eine Hexe aufsuchte, damit die Hochzeit auch wirklich zu Stande kommt. Sie mögen vielleicht lächeln, und dies ist auch gut so, aber heute gehen viel mehr Leute zu Hexen als manchen lieb ist. Und es wird auch viel Geld dafür ausgegeben. Ich bin jedoch froh, dass der Teufel mir selbst nie erschienen ist.

Danken möchte ich schliesslich auch Ihnen. Denn Sie haben die Geschichte gelesen. Ich hoffe, Sie haben sich damit die Zeit etwas vertrieben, denn lesen tut man ja auch zum Spass und zum Zeitvertreib.

Herstellung und Verlag:
BoD - Books on Demand, Norderstedt
ISBN 978-3-7347-3692-6

156